JN085490

政治哲学

グローバル化のなかの
共生倫理を考える

Political Philosophy

白川俊介
Shirakawa Shunsuke

法律文化社

はしがき

　本書は「政治哲学」の教科書である。だが、大方の政治哲学の教科書とはやや毛並みが異なるように思われよう。政治哲学の教科書といえば、リベラリズムの理念の理解や解釈から始まって、功利主義、リバタリアニズム、コミュニタリアニズムなどの諸潮流の紹介・検討を行うものであったり、あるいはリベラリズムの中核的な要素である、自由、平等、民主主義、法の支配などについての考え方を紐解いていくといったスタイルが一般的である。本書はそのような構成になっていない。その理由はいくつかあるが、最大の理由は、本書がグローバルな空間における政治哲学について論じることを主眼に置いているからである。

　グローバル化やボーダーレス化といわれて久しいが、今や人びとの生活は地球の裏側に暮らす他者と分かちがたく結びつき、われわれの目の前には貧困、移民の受けいれの是非、気候変動、戦争など、地球規模の喫緊の課題が山積みである。こういったなかで、われわれはどのように「共生」の道を探っていくべきなのだろうか。リベラリズムの政治哲学とは「人と人との共生」のための政治哲学なのだとすれば、政治哲学の射程はグローバルに広がっている。

　もちろん、政治哲学の教科書において、国境を越えるグローバルな課題や、それに対するアプローチに触れられてこなかったわけではない。だが、それはあくまで数あるトピックのなかの一部分として紹介されてきた。こういう意味で、本書は、グローバルな空間における政治哲学を中核に据えた、これまでのものとは一味違った教科書である。

　ゆえに、本書は『政治哲学』というタイトルを冠してはいるが、必ずしも政治哲学や政治理論に関心がある読者だけを対象にしているわけではない。倫理学や国際政治学の分野においても、「国際倫理学」や「規範理論」についての関心が高まっている。ゆえに、そういう読者のお眼鏡にも本書は適っていよう。

　本書では、「コスモポリタン＝コミュニタリアン論争」という理論的視座にもとづいて、現代世界で生じている「共生」をめぐる課題について、どのよう

に考え、どのように対処すべきか、検討していく。まずは、序論に続く2つの章で、「コスモポリタニズム」と「コミュニタリアニズム」について、思想史的な流れも若干意識しつつ、現代政治哲学においてどのように論じられているのか、概観しよう。そして、「コスモポリタニズム」および「コミュニタリアニズム」の知見から、具体的な課題について、どのようなことが論じられているのか、その論争状況を整理しよう。本書で取りあつかうのは、「グローバルな貧困」、「人権」、「国境を越える移住」、「領土」、「気候変動」、「健康格差」、「戦争」という7つのトピックである。

　読者のみなさんには、まずは理論的視座についての理解を深めたうえで、具体的なトピックに目を転じてほしい。7つのトピックは、順に読んでいってもらってもよいが、それぞれの章はそれなりに独立しているので、関心があるトピックを優先的に選んで読んでもらってかまわない。ただし、各トピックは相互に全く関係がないわけではない。むしろ、各章末に付した「Further Topics」を見てもらえばわかるように、多くの問題が複数のトピックにまたがって存在し、複雑な様相を呈しているのである。また、巻末の引用・参考文献は、できるかぎり日本語で読めるものを最優先で記しているので、関心がある部分について、まずはそれらに目を通すことで、さらなる理解を深めてもらいたい。

　本書を読みすすめるうえで、次の点にくれぐれも留意してほしい。教科書というのは、ふつうはなんらかのテーマについての「正解」が書いてあるものだと思うだろう。「科学的」な学問ではとりわけその傾向が強いかもしれない。だが、政治哲学は「科学的」かつ「客観的」な学問ではない。それは「解釈」の学である。したがって、本書で展開されるのはさまざまな議論の「解釈」であり、それには常に異論の余地があるのだ。もちろん、本書は教科書であるから、多くの研究者が同意する代表的な議論を中心に整理・紹介してある。けれども、本書で示しているのは「答え」ではなく、あくまでも考えるヒントであり、手がかりにすぎない。ゆえに、本書の議論をただそのまま受けとるのではなく、本書をきっかけに、あなた自身が探究を深めていってほしい。

　本書の執筆にあたっては、多くの先行研究を参考にした。そのなかでも、邦語での類書がほとんど存在しないなか、各章の構成や取りあげるトピックの内

容や分量など、本書全体の構想を練りあげるうえで大いに参考にした文献をあらかじめ以下に記し、感謝の意を表したい。

- Dower, Nigel. *World Ethics: The New Agenda*, Second edition, Edinburgh: Edinburgh University Press, 2007.
- Bell, Duncan. (ed.) *Ethics and World Politics*, Oxford: Oxford University Press, 2010.
- Shapcott, Richard. *International Ethics: A Critical Introduction*, Cambridge: Polity Press, 2010〔松井康浩ほか訳『国際倫理学』岩波書店、2012〕.
- Armstrong, Chris. *Global Distributive Justice: An Introduction*, Cambridge: Cambridge University Press, 2012.
- Risse, Mathias. *Global Political Philosophy*, New York: Palgrave McMillan, 2012.
- Widdows, Heather. *Global Ethics: An Introduction*, London: Routledge, 2014.
- Lomasky, Loren E. and Tesón, Fernando R. *Justice at a Distance: Extending Freedom Globally*, Cambridge: Cambridge University Press, 2015.
- Held, David. and Maffettone, Pietro. (eds.) *Global Political Theory*, Cambridge: Polity, 2016.
- Hutchings, Kimberly. *Global Ethics: An Introduction*, Second edition, Cambridge: Polity Press, 2018.
- Brown, Chris. and Eckersley, Robyn. (eds.) *The Oxford Handbook of International Political Theory*, Oxford: Oxford University Press, 2018.
- Brooks, Thom. (ed.) *The Oxford Handbook of Global Justice*, Oxford: Oxford University Press, 2020.
- Schippers, Birgit. (ed.) *The Routledge Handbook to Rethinking Ethics in International Relations*, London: Routledge, 2020.
- Tan, Kok-Chor. *What is this thing called Global Justice?* Second edition, New York: Routledge, 2021.

目　　次

Further　Topics

序　論

共生のための政治哲学 「政治哲学」とは何だろうか。これにはさまざまな答え方があるだろうが、本書では、政治社会における「人と人との共生」のヴィジョンやあり方を探究し構想する学問であると定義したい。

　社会には多様な価値観を有する人びとが、それぞれに暮らしている。人びとは社会のなかで、みずからが善いと思う生き方を自由に探求する。だが、ある人の自由は別の人の自由と両立できない場合も大いにあるだろう。そのとき、両者の自由をどのように調停すればよいのだろうか。異なる価値観や人生観を有する他者が、同じ1つの社会のなかで、どうすれば共生できるだろうか。

　多様な人びとが同じ社会のなかでともに生を営むうえで、公共の制度枠組みが要請される。一般にそれは、「国家」（state）と呼ばれる。人びとは国家的な政治枠組みにともに服することで、うまく共生できる。だが、ここで多くの難問が立ちはだかる。

　公共の制度枠組みとは、各人が望む、時には相対するような自由を調停する原理を具体化したものであるが、その原理はいかなる「自由」を擁護するのだろうか。公共の制度枠組みのなかで各人が平等に処遇されるべきだが、そもそも「平等」であるとはどういう状態を指すのか。

　公共の制度枠組みにともに服するとは、より一般的にいえば、政治社会における法やルールに従うということだが、そもそもなぜわれわれは法やルールに「服従」しなければならないのか。その「正当性」はどこにあるのか。みなで「民主的に」決めたのだから従うべきだという説明はできるかもしれない。だが、「民主的決定」や「民主主義」とはどういうものであるべきなのだろうか。政治哲学は、とりわけ「リベラリズム」の政治哲学は、まさにこのような課題に取り組んできたのである。

「リベラリズム」とは何であるかを明確に定義するのは極めてむずかしい。だが、その最大公約数的な定義は、異なる善き生の構想や世界観を有する各人が同意できる政治枠組みの探求を目指すものだ、ということになるだろう。したがって、リベラリズムが重視するのは「個人」であり、リベラリズムは「個人主義」を信奉する。そして、政治枠組みとは、一人ひとりが善き生の構想を「自由」に探求し、みずからが善いと考えるものを、誰にも邪魔されずに「自律的」に選択できる条件を整えるものである。ゆえに、リベラリズムは「自由」や「自律」を信奉し、各人が道徳的に「平等」に処遇されるべきだと考える。

さらには、何が「善い」かはあくまで各人が自律的に判断することであるから、国家や社会は、みながある特定の善き生の構想を選びとるように奨励することなどあってはならない。いいかえれば、国家や社会は、一人ひとりの善き生の構想から等しく距離をとり、「中立的」な立場を保たねばならない。これがいわゆる「国家の中立性」の原則である。

ある意味では、フランスで採用されている「ライシテ」、すなわち「教会と国家の分離」の原則には、中立性の原則が表明されているといってよいかもしれない。フランスはカトリックの国であるが、公的な空間においては、いかなる宗教的な表象を称えることも許されない。国家はあらゆる宗教・宗派から等しく距離をとって中立なのであり、そうすることで、各人の信教の自由を保障するわけである。

リベラリズムは基本的に、各人が平等に自分が善いと思う価値観や生き方を探求できるような条件を整えることによってこそ、人びとは共生できると考えてきた。価値は各人が選択するものであって、国家や社会が示すものではない。したがって、国家の中立性の原則は、リベラルな社会の根幹をなす原則であると考えられてきた。

だが、このようなリベラリズムに対して、「コミュニタリアニズム」を標榜する論者たちが批判を投げかけることになる。コミュニタリアニズムのリベラリズム批判は、一言でいえば、リベラリズムは無味乾燥であり、現実の人間世界の共生の条件を明らかにするのに何の貢献もしていない、というものである。

リベラリズムが重視する自律について、コミュニタリアンは次のように主張する。各人が善き生の構想を「自律的に」選択するという場合、各人はあらゆる選択肢のなかから選択するのではなくて、実質的には自分にとって意味のある「選択の文脈」のなかから選択を行うはずである。つまり、ある選択が自分にとって有意義なものであるかどうかは、その選択の背景にある「選択の文脈」によるのだ。

　たとえば、「サッカー選手になる」という選択の実質的な意味や価値は、サッカーが盛んなヨーロッパや南米の諸国とバスケットやアメリカンフットボールや野球がより人気のあるアメリカ合衆国では、大いに変わってくるだろう。そうであれば、自律を重視するのであればなおさら、その自律的選択を有意義なものにする背景的な文脈に目を配らなければならないのである。

　また、コミュニタリアンは、リベラリズムが標榜する国家の中立性原則についても批判する。コミュニタリアンによれば、国家は少なくとも文化的には中立でありえない。上述のように、フランスはカトリックの国である。アメリカはカルヴァン派の国であり、大統領は就任時に聖書に手を置いて宣誓を行う。国家にはそれぞれ独特の色があり、日常の慣習や儀礼も違えば、祝祭日も異なる。リベラリズムを支持する国家の制度枠組みはすべて同じであるなどということはありえない。各国の制度枠組みには各国の文化が色濃く反映されていると考えるのがごく自然なのである。

　要するに、コミュニタリアンからすれば、リベラリズムはあまりに個人ばかりに着目しすぎており、個人とその人が所属する社会や共同体との関係性を見落としているどころか、意図的に無視するほうが望ましいと考える（いわゆる「好意的無視」）。けれども、誰もが自己紹介をするときに、なんらかの社会集団を引き合いに出さなければ何もいえないように、各人の生やアイデンティティは、自分が所属する社会や共同体と密接にかかわっている。その事実を捨象しようとする理論は、人びとが「共生する」ということについて、どれほどのことをいえるのだろうか。

　コミュニタリアンは、リベラリズムを真っ向から批判するが、決してリベラリズムを全否定するわけではない。むしろ、自律や平等など、リベラリズムが大切にする価値は、コミュニタリアンも同様に大切にする。ただし、コミュニ

タリアニズムは、リベラリズムに対して、自律や平等といった価値を大切にしたいのならば、なおいっそうのこと、社会や共同体に目を向けなければいけないのではないか、という警鐘を鳴らすわけである。コミュニタリアンからすれば、共同体の文化的文脈の保護こそ、共生の1つの条件なのである。

これが1970年代後半から1980年代にかけて起こった、政治哲学における一大論争である、いわゆる「リベラル＝コミュニタリアン論争」であった。

「政治哲学」の射程のグローバル化 このように、政治哲学は、多様な背景を有する各人がお互いを尊重しつつ、みずからが善いと考える生き方を自由に探求できるような公共の政治枠組みとはいかなるものであるべきかを構想してきた。ここで留意すべきは、そういう構想やヴィジョンは従来、基本的には特定の個別の政治社会と結びついてきた、ということである。

たとえば、古代の碩学アリストテレスやプラトンにとって、それは「ポリス」であり、近代以降の政治哲学者にとって、それは「主権国家」／「国民国家」であった。現代リベラリズム論の大家であるジョン・ロールズは、政治哲学の金字塔的な著作である『正義論』（1971年）において、「正義の二原理」を提示したが、その原理は基本的に、アメリカという特定の政治社会に適用されるものであった。ロールズに対するコミュニタリアンからの批判という形で巻きおこった「リベラル＝コミュニタリアン論争」は、当然ながら国内社会の文脈を議論の前提にしていたわけである。

ところで、ロールズの『正義論』の刊行から遡ること5年前に、イギリスの国際政治学者マーティン・ワイトは、「なぜ国際理論は存在しないのか」という論文を著した。ワイトによれば、「政治哲学」と「国際政治学」は別物である。「政治哲学」はある共同体の内部における人びとの「善き生」を扱うものであり、その知見は、諸国家の「生存」を扱う「アナーキー」な国際政治の舞台に適用できないからである。

国際社会とは諸国家が自国の「生存」を目的に競合する「アナーキー」な場であるというのは、ニッコロ・マキアヴェッリ以来の（とりわけリアリストの）伝統的な国際政治観であった。したがって、「国際政治」は「政治哲学」と折り合いが悪いと見なされており、政治哲学の目線は、あくまで国内社会に向けられていたのである。

だが、こうした状況は冷戦終結後から変わってきた。1980年代ごろからしばしば、経済的な相互依存の深化が指摘されてきたけれども、近年のテクノロジーの進歩にともない、貿易、投資、金融、文化などのネットワークがよりいっそう深化し、相互作用のスピードも一段と速まった。それにともなって世界は、気候変動、パンデミック、金融不安、テロリズムなど、領土や既存の政治枠組みを越えたさまざまな問題に直面しており、その効果的な解決に向けて、国境を越えるグローバルな規模の協働の枠組みが必要とされている。

　グローバル化の深化によって、国内政治の領域と国際政治の領域は峻別されるどころか、ますます統合されるようになってきている。だとすれば、政治哲学の射程も、必然的に国内政治にとどまらず、国際政治の領域をも含みこむようになる。相互依存が深化し、社会的・政治的・経済的プロセスが国境を越えて波及する複雑な世界では、ある社会の活動や決定がただちに別の社会に影響をおよぼすことも多々ある。あるいは、世界の相互接続が高まるなかで、われわれは遠くの他者の苦しみをよりいっそう認識できるようになり、もしかすると、それに自分たちが加担しているかもしれないと感じられるようになった。こういうことは、「正当性」や「平等」や「自由」などの概念について、特定の社会の枠を越えて構想することを要請するのである。

　国際政治学においてもそれは同じである。1980年代後半から1990年代初頭あたりにかけて、冷戦の終結を１つの重要な契機として、「ポスト実証主義」という潮流が表れてきた。なかでも、「規範理論」（normative theory）の理論家は、ロールズの「正義論」やイマヌエル・カントらの思想を大いに取りこみながら、途上国の貧困や飢餓、地球規模の格差、人道的介入といった国際政治上の道義的な問題を扱い、さまざまなヴィジョンを提示してきている。

　そういうなかで、かつて政治哲学における一大論争となった「リベラル＝コミュニタリアン論争」が、「コスモポリタン＝コミュニタリアン論争」として、国際社会の文脈でアップデートされ、再燃しているのである。イギリスの国際政治学者クリス・ブラウンは、「コスモポリタン＝コミュニタリアン論争」を次のように規定していた。

　　コスモポリタンとコミュニタリアンの対抗は、規範的国際政治理論における最も中

心的な課題とかかわっている。その課題とはすなわち、道徳的価値が、全体としての人類と対立するような個別の政治的集団に与えられるべきか、あるいは個々の人間の権利要求に付与されるべきかという問題である。コミュニタリアンの思想は、ここに道義的な対立があるとはみなさないか、むしろ明白に共同体に中心的な価値を与えようとする。これに対して、コスモポリタン的な思想は、道徳的価値の究極的源泉を共同体以外の何かに求め、共同体に中心的な価値を置くことを拒絶するのである（Brown 1992）。

われわれはみな「コスモポリタン」である？

国境を越える問題に対する関心の高まりは、ある種の「コスモポリタニズム」の高まりをもたらしたといってよい。たとえば、「国家安全保障」（national security）から「人間の安全保障」（human security）へという議論が叫ばれて久しい。それは、地球上のどこにいる誰であっても、飢餓・環境破壊・ジェノサイドなど人間の生存・生活・尊厳に対する広範かつ深刻な脅威から保護されるべきであるという規範がグローバルに共有されつつある証左である。それはすなわち、人間の道徳的地位についてのコスモポリタニズム的な理解、あるいは「道徳的コスモポリタニズム」（moral cosmopolitanism）の広まりといってよかろう。

　具体的に、それは人権規範や基本的人権についての信奉の高まりに見てとることができる。今や国際的な人権規範は、国家の対外的な活動や、国際的・国境を越えた統治枠組み（つまり、グローバル・ガヴァナンスを提供する枠組み）を構成する規範や原理、さらには NGO や多国籍企業の活動をも統御する最も重要な規範の１つとなっており、あらゆる主体はこういう人権規範を無視できない。それどころか、「保護する責任」（responsibility to protect）や「人道的介入」の名のもとに、国家主権の分厚い壁も乗り越えられるようになってきている。こういう状況に鑑みて、マイケル・ブレイクは、いかなる立場の者であろうとも、コスモポリタニズム的に考えることから逃れられないという意味で、「われわれはみなコスモポリタンである」と論じた。

われわれはみな「ナショナリスト」である？

他方で、近年の新型コロナウイルス（covid-19）の世界的な蔓延によって明らかになったのは、つまるところ国家しか人びとを守れないということかもしれない。これはある意味で逆説的である。なぜなら、まさにいとも簡単に国境を越えるグローバルな現象であ

るウイルスのパンデミックによって、国家あるいは国境という防波堤の重要性がかえって浮き彫りになったからだ。

　パンデミックに対するほぼ唯一といってよい防衛策は、人びと同士の接触をなるべく抑えることであった。ゆえに、国家は自国民の無用な外出を規制し、ウイルスを持ちこむ可能性のある外国人の入国を制限することで、自国民の命を守ろうとした。これはかなり大きな主権的権力の行使である。ＥＵ域内の移動の自由というのは、ＥＵの存在理由の１つといってもよいほど重要であるように思うが、その盟主であるドイツでさえ、当時のアンゲラ・メルケル首相は、当初こそ国境封鎖に否定的だったが、結果的にはかなり早期に国境を封鎖する決定を下した。

　また、新型コロナウイルスに対応するワクチンは、当初極めて希少であった。この希少なワクチンをめぐって、特に富裕国が、公正な割りあての量を越えて買い占め、自国民に優先的に提供するという事態も生じた。国家の存在意義はもちろん自国民の生命や財産の保護にあるので、国家がそのように行動するのは無理もないが、そういう「ワクチン・ナショナリズム」（vaccine nationalism）を公正さの観点からどの程度許容できるのだろうか。

　いずれにせよ、新型コロナウイルスのパンデミックは、外国人嫌いや人種差別の増加、国境の閉鎖、グローバリゼーションへの懐疑的な見方を強める結果となった。ここで重要なのは、他国の人びとを偏見にもとづいて排斥するのは言語道断だけれども、われわれは同胞に対してなんらかの特別な感情や一体感をもっており、自分や仲間の暮らす共同体を守らねばならないという感覚をもっていることが改めて確認された、ということである。ゆえに、アンドレアス・ヴィマーが主張するように、「いくつかの例外を除いて、われわれはみなナショナリストである」のかもしれないのである。

切り口としての「コスモポリタン＝コミュニタリアン論争」

上記を踏まえて、本書では、「コスモポリタニズム」と「コミュニタリアニズム」（＝「ナショナリズム」）との論争を中核をなす軸として据え、現代世界における「人と人との共生」にまつわるいくつかのトピックについて論じていきたい。「コスモポリタニズム」と「コミュニタリアニズム」のそれぞれがどのような考え方であるのかは、続く２つの章で詳述するが、ごくごく単純なイメージだ

け述べておこう。

　われわれは、一人ひとりさまざまな歴史的・文化的・民族的・宗教的背景を有するわけだが、「コスモポリタニズム」の理論家は、こうした差異はあるとしても、それでもわれわれには「人間性」あるいは「人間である」という共通項があり、各人の差異よりもそういう共通する部分をより重視すべきだと考える。コスモポリタニズムがしばしば「世界市民主義」と訳されるように、われわれはどこかの個別の社会に帰属する市民なのではなく、まずもって地球社会においてともに生を営む仲間だと考えるわけだ。

　他方で、「コミュニタリアニズム」の理論家は、そういう共通性よりも、われわれ一人ひとりが有する諸種の「差異」のほうをより重視する。われわれは同じ人間であるとはいっても、実際には、別々の場所で、置かれた環境や風土に適応しながら、固有の共同体的な生活様式を発展させ、そのなかで集団としての生を営んできた。そして、別の言語・文化・慣習・伝統・宗教などを共有する者と接触することで、同じ言語や文化などを共有する人びとのことを仲間であると思うのであり、その認識が強化される。ゆえに、われわれのアイデンティティはかかる「共同性」と密接にかかわっている。「コミュニタリアン」からすれば、われわれにとって重要なのは、このような長い歴史を経て形成されてきた集団としての差異なのであり、それを尊重することなのである。

　この立場の違いは、他者をどう処遇すべきかに直結する。コスモポリタンは、同じ社会に属する同胞も、異なる社会に属する異邦人も、みな「個人」として同じように処遇すべきだと考える。一方で、コミュニタリアンからすれば、「同胞」と「異邦人」は明確に異なるため、両者を同じように処遇すべきいわれはないし、むしろ「同胞」を優先すべきですらある。したがって、あえてわかりやすく戯画的に描けば、たとえば遠くの他者の貧困と同胞の貧困について、コスモポリタンは遠くの他者と同胞を同じように助けるべきだというが、コミュニタリアンは、同胞を優先して助けるべきだ、というわけである。

　もっとも「コスモポリタニズム」と「コミュニタリアニズム」はそういう単純な二項対立を示すわけではなく、両者はむしろ密接に絡みあってすらいる。そのことは以下の章の議論から明らかであろう。だが、それでも、あらかじめ1つだけ留意しておきたいことがある。

もしかすると、読者の多くは、「コミュニタリアニズム」（特に本書の場合は「ナショナリズム」といったほうがよいだろう）について、あまりよいイメージをもっていないかもしれない。ナショナリズムはかつてのナチス・ドイツの蛮行や、戦前の我が国の「超国家主義」、さらには近年における「極右ポピュリズム」の台頭などと結びつき、排他的で身内びいき的で「悪」であるような印象をもっている読者もいるだろう。そういうナショナリズムに対して、「コスモポリタニズム」は普遍的かつ包摂的であり望ましいと思われるかもしれない。

　確かに、身内びいきが行きすぎるとよくないのはその通りである。だが、身内びいきがただちに悪なのかどうかは、少し立ち止まって考えるべきだ。自分の子と他人の子が事故にあいそうになっており、親はとっさに自分の子を助けたとする。この親の行動は非難されるべきなのだろうか。一般に、親が自分の子に、他人の子にはない特別な愛着をもつのはごく自然なことであろう（もちろん、だからといって他人の子を攻撃したり、迫害してよいわけではない）。

　「コミュニタリアン」は、こういう人間のもつ自然な感情や愛着を大事にすべきだと考えるのであり、それを理由にして他者を不正に処遇してよいなどと主張するわけではない。ゆえに、「コスモポリタニズム」＝「善」／「ナショナリズム」＝「悪」というイメージは脇に置き、両者が何に価値を置き、どういう政治社会の構想を理想としているのかというところをフラットに評価してもらいたい。どちらかが「善」であり、どちらかが「悪」なのではなく、どちらかに傾きすぎることこそが問題なのである。

第1章

コスモポリタニズム

1 はじめに

　今や、われわれはみな「コスモポリタン」であるのかもしれない。グローバル化の進展によって、人びとが暮らす空間の「距離感」は確実に縮まった。とりわけ、情報通信技術の発展によって、インターネット上のやりとりにおいて国境などないに等しい。世界中のニュースをどこからでもたやすく手に入れることができる。通訳や翻訳技術の進化によって母語が異なる人びととのコミュニケーションもかなり容易になってきた。

　こういう「距離感」の縮まりは、〇〇人や△△民族などという隔たりを切りくずし、「みな同じ地球に暮らす人類である」という認識をもつことにつながるかもしれない。それはもちろん、〇〇人や△△民族というみずからのアイデンティティに意味がなくなるということではない。そうではなくて、われわれは民族や宗教や文化は異なるけれども、相違を越えて、同じ地球という空間を共有する人類であるという認識が、よりいっそう醸成されているのかもしれないのである。そういう意味では、これまでの人類史において、現在ほどコスモポリタニズムの機運が高まったことはなかったであろう。

　そこで改めて、コスモポリタニズムとは何か、あるいはコスモポリタンであるとはどういうことか、という点について理解を深めておくことは肝要だろう。以下で見ていくように、コスモポリタニズムにはいくつかの類型があるが、それらに概ね共通する3つの要素を、トマス・ポッゲは次のようにまとめている。

　　第一に個人主義である。関心を払われるべき究極の単位は、人間であり個人だということだ。たとえば、家系、部族、民族共同体、文化的共同体、宗教共同体、ネイ

ション、国家などではない。それらは各構成員あるいは市民一人ひとりにとって、間接的な関心の単位であるにすぎない。第二に普遍性である。関心の究極的単位という地位は、すべての生きている者に等しく与えられるのであって、男性、貴族、アーリア人、白人、イスラム教徒といった一部分だけに与えられるのではない。第三に一般性である。この特別な性質にはグローバルな影響力がある。各人は、同国人や信仰を同じくする者にとってではなく、あらゆる人々にとって、関心の究極的な単位である（ポッゲ 2010）。

　人は自分の所属する集団の構成員だけでなく、他のあらゆる者に関心をもつべきであり、各人に平等に関心をもち、敬意をもって処遇することに所属や距離は関係ない。コスモポリタニズムとはこういう道徳的な見方である。マーサ・ヌスバウムが論じるように、「ある人がどこの出自かなどは単なる偶然でしかなく、人間はどのネイションにでも生を受ける可能性がある。このことを認識すれば、われわれとわれわれの仲間である人類とのあいだに、ナショナリティ、階級、民族的所属、ジェンダーなどの差異を理由に壁を作ってはならない」のである。

　ヌスバウムによれば、コスモポリタニズムの源流を少なくとも古代ギリシャにおける「ストア派」の哲学思想にまで遡ることができるという。そこで、まずはコスモポリタニズムの理念を思想的に確認し、それが現代においてどのように論じられているのかを概観しよう。さらには、コスモポリタニズムの理念は、いくつかの世界秩序構想に結びついており、それらについても整理することで、コスモポリタニズムの政治哲学のおおよその全体像がつかめるだろう。

2　コスモポリタニズムの思想史

（1）ストア派哲学——コスモポリタニズムの源流

　古代ギリシャ世界は、都市とその周辺の農村からなる小規模な共同体、すなわち「ポリス」（polis）からなる社会であった。ポリスはお互いに対立しあっており、ポリスのあいだでは抗争が絶えなかった。したがって、市民とは、基本的にポリスの防衛に貢献できる者のことであり、そこでは「武勇の精神」が大いに称えられた。ポリスへの貢献や献身は、人びとが善き生を送るうえでの

極めて重要な要素であると考えられ、ゆえにアリストテレスは、「人間はポリス的動物である」と述べたのである。

　個々に独立して存在していたポリスでは民主政治が花開き、アテネからスパルタへと覇権が移り変わってゆく。そして、紀元前4世紀後半のアレキサンドロス3世（大王）の登場によって、マケドニアがギリシャ世界の盟主となり、マケドニアは東方に拡大して、一大帝国を築く（アレキサンドロス大王の帝国）。いわゆる「ヘレニズム時代」のはじまりである。こうしてポリスの存在意義や、個人の生におけるポリスへの帰属の意味が失われていくなかで、みずからを「コスモポリテース」（Kosmopolites：世界市民）であると考える者が現れてくるのだ。

　よく知られているのは、シノベのディオゲネス（樽のなかのディオゲネス）であろう。彼は、どこの市民かと尋ねられて、自分は「コスモポリテース」であると答えたとされる。また、「唯一の正しいポリスはコスモポリスである」とも述べている。ディオゲネスは、みずからをアテナイ人だとか、スパルタ人だとか、ましてやヘレネスの一員だとは考えなかった。むしろ、彼はみずからを、どこか特定の共同体の一員ではなく、身分や出自や帰属意識に捉われない一人の人間であると考えたわけである。

　こうしたコスモポリタニズムの思想は、キティオンのゼノンを始祖とする、ストア派の哲学者に受け継がれる。ストア派哲学の1つの核心は、「理性」（logos）を人間性の共通の特質だと見なす点にある。ストア派の哲学者によれば、出自や社会的地位などとは無関係に、あらゆる人間は平等に理性の能力を有しており、それゆえに、善良で気高き生を送ることができる。したがって、すべての人間は共通の理性という特質で結びついたコスモポリタンな共同体の一員なのである。

　さらにこの考え方は、いわゆる自然法思想につながる。たとえばゼノンは、「自然に従って生きよ」といった。それはみずからの欲情を抑えて、宇宙（コスモス）を支配する原理たる理性に従うということであり、宇宙をつらぬく秩序をもたらす原理（自然法）に従って生きよ、という意味であった。

　自然法にもとづくコスモポリタニズムの思想は、古代ローマのストア派の哲学者においてより明確に論じられる。共和制ローマの哲学者キケローにとっ

て、世界は神の理性によって形成され、その摂理によって定められているのが普遍的秩序である。われわれ人間は、神の理性を分有するものとして、理性＝自然に従って生きることを義務づけられている。キケローにとって、自然法とは時代や国家を越えて妥当するものであり、その自然法に服するという意味で、あらゆる人びとが結びつくのである。

さらには、五賢帝最後の皇帝であり「哲人皇帝」とも呼ばれたマルクス・アウレリウス・アントニヌスも、『自省録』において、次のように論じている。すなわち、あらゆる人間に共通する特質は理性であり、各人はみな、なすべきことやなすべきでないことを命令する理性に従うべきである。そうだとすれば、もはや世界は1つのポリスのようなものであり、人類全体が共通の法、つまり自然法が支配する共通の政体に所属しているといってよい、というのだ。

このように、ストア派哲学において、コスモポリタニズムの思想は、個人主義、理性、自然法思想など、現代のコスモポリタニズムを理解するうえで欠かせないいくつかの要素を含みながら発展してきた。ストア派哲学は、まさにコスモポリタニズムの源流なのである。もっとも思想史的にみれば、古代ギリシャローマ世界において大いに語られたコスモポリタニズムは、いったんは表舞台から姿を消すことになる。それが復活するのは、古代ギリシャローマ世界に再び目が向く、ルネサンス期の人文主義思想においてであり、18世紀の啓蒙思想において、本格的に論じられるようになるのである。

（2）啓蒙思想──コスモポリタニズムの興隆

現代のコスモポリタニズムの思想に直接的な影響を与えた思想潮流は、啓蒙主義の時代にさまざま登場している。そうした思想潮流を受け継いだコスモポリタニズムのいくつかの類型については次節で述べることとし、ここでは、啓蒙思想全般を貫く包括的な特徴が、極めてコスモポリタニズム的なものである点を確認しておこう。

18世紀を代表する啓蒙思想家であるイマヌエル・カントは、『啓蒙とは何か』という短いパンフレットの冒頭で、「啓蒙とは人間がみずから招いた未成年の状態から抜けでることである……みずからの理性を活用する勇気を持て！これがすなわち啓蒙のスローガンである」と述べて、人間の思考を縛る非理性なも

のから解放されるべきことの重要性を説いた。このように、啓蒙思想の一般的な特徴は「属性から生じる役割やアイデンティティから個人を解放すること」にあった。

　たとえば、フランス啓蒙思想における重要人物の1人であるコンドルセ侯爵の議論を見てみよう。哲学者のみならず数学者としても高名なコンドルセは、著書『人間精神進歩史』のなかで、理性的な知である自然科学を、人類社会の進歩の牽引車と見なしていた。コンドルセは、社会の進歩・発展を妨げるものの1つとして、エリートの知の独占を挙げていた。エリートだけに通用する言語でその知が伝達されるかぎり、エリート以外の大多数の人びとはそうした知を活用できない。したがって彼は、あらゆる人が使用できる普遍言語の創出に期待した。

　みなが同じように使用できる言葉で教育がなされることで、エリート以外の人びとに知識が広まる。つまり、そういう普遍言語は人びとに「真なる知に容易に到達し、誤解をほとんど生じさせない正確性と厳密さ」を与える。すると人びとは、次第にみずからの母語を放棄して普通言語を習得しようとし、それによって、みなが「同程度の確実性」に到達するはずだ。コンドルセにとってそれは、人間精神が進歩するうえでの必然的な帰結でもあったのである。

　啓蒙された理性的人間は、みずからの文化的・社会的帰属など生来的なものから距離をとり、それを相対的に吟味できるようになる。つまり、個人にとって文化的帰属が本質的に重要なのではない。重要なのは、確実な知にもとづいて自律的に選択できる権利が、すべての個人に平等に与えられることなのである。

　このような特徴を有する啓蒙思想は、当然ながらナショナリズムと折り合いが悪い。啓蒙思想が花開いた18世紀は、同時に王家の支配に対抗しようとするナショナリズムに火が付こうとしていた時代でもある。そういうなかにあって、啓蒙思想家は概してナショナリズムに対して冷ややかであった。

　啓蒙思想家からすれば、各人にとって重要なのは、みずからが多数派であろうとも、少数派に所属していようとも、個人として平等な権利を享受できることであり、その集団の文化やナショナル・アイデンティティの保護ではない。ゆえに、そういうものは次第に重要性を失い、各人はこうした要素を自発的に捨てさり、より大きな集団、ひいては世界規模の単一のコスモポリタンな社会に統合さ

れるだろうというわけだ。この意味で、啓蒙思想家からすれば、「コスモポリタニズム」は、理性的な人間ならば必然的にたどり着く境地だったわけである。

3 コスモポリタニズムの類型

　これまで見てきたように、ナショナリティ、民族、宗教、文化、性別、社会的地位などといった当人の属性に関係なく、各人を平等に尊重し処遇するという考え方は、コスモポリタニズムの中核の重要な1つをなす。ただし、各人をどのような観点から平等な者として処遇するかによって、コスモポリタニズムのあり方に違いが生じる。以下では、その代表的な4つの類型について、簡単に整理しておこう。

(1) 権利論 (人権論)

　コスモポリタニズムは、各人が有する人権の観点から論じられる（人権についての詳細は第4章参照）。アメリカの国際政治学者レイモンド・ジョン・ヴィンセントによれば、国際政治や外交の実践において人権の存在感が増し、「権利」や「人権」という語を用いて物事を語ることがあまりにも支配的になってきた。それほど人権という語を見聞きする機会はまわりにあふれている。もはや、われわれは「権利の文明」のなかに生きているといっても過言ではないかもしれない。

　一般によく知られているように、現代の人権観の基盤をもたらしたのは、ジョン・ロックの自然権思想である。ロックによれば、われわれ人間は「自然権」を有する主体であり、人間は他者の「生命、自由、健康、身体、財産」を守るように規定された存在である。つまり、われわれには自然権として、生命に対する権利、自由に対する権利、財産を所有する権利があり、各人は他者の自然権を尊重しなければならない。自然権は、人間が人間であること、すなわち「人間本性」から導かれる権利なのだ。

　人権とは、「人間である」という理由だけで人びとに備わる権利であるとすれば、人権は普遍的な権利である。人権は市民権ではなく、ある国家の市民であることと全く無関係に、当人の人権は保障されなければならない。ゆえに、

コスモポリタニズムと人権は相性がよいのである。

　こういう権利論にもとづいてコスモポリタニズムを展開する現代の代表的理論家は、ヘンリー・シューである。シューは人間らしい品位ある生を送るうえで欠かさない最低限の権利を「基本権」（basic rights）だと定義する。そのうえで、あらゆる人間は「基本権」を享受すべきだとすれば、そのことは、他者の基本権を侵害しない義務や、他者の基本権を保障する義務（相関的義務）を各人に課すことになる、というわけだ。

　また、権利論から派生する議論として、アマルティア・センやヌスバウムは「ケイパビリティ・アプローチ」を提唱する。それは、人が有する「権原」（entitlement）に着目する議論である。センの説明によれば、「権原」とはある財を正当に保有できる資格のことである。センやヌスバウムは、自分が善いと思う生き方を探求できるようにあらゆる者がもつべき「能力」（＝「ケイパビリティ」）を同定し、いかなる人もそのような「ケイパビリティ」を欠く状況に置かれてはならないと主張するのである（詳細は第8章を参照）。

（2）カント主義（義務論）

　現代のコスモポリタニズムに多大な影響を与えたのはカントの思想であろう。本章の文脈でとりわけ重要なカントの著書は、他者に対する義務がいかなるところから生じるのかを論じた『道徳形而上学の基礎づけ』である。この本の主題の1つは、道徳的に行動するとはどういうことかを解明することである。端的にいって、カントはいかなる個人でも従うべき普遍的義務を導きだし、義務にもとづくコスモポリタニズムを擁護した。

　カントによれば、自分の利益や選好ではなく、ただ義務に従って行動することこそ、道徳的に行動するということである。ある行動が道徳的かどうかは、その行動の帰結ではなく、その行動がいかなる動機のもとになされたのかによって決まる。つまり、道徳的な行動は「善き意図」のもとになされる。そして、カントによれば、「善き意図」とは人間に備わる「理性」（純粋実践理性）から生じる。道徳的に行動することとは、「理性」にもとづいて行動することであり、そのように行動するかぎりで、人間は自律的な存在だといえるわけだ。

　ここで、義務に従った行動かどうかを判断するためにカントが持ちだすの

が、「定言命法」である。それは次の2つの命令である。第一に、「汝の格率〔行動原理〕が同時に普遍法則となることを欲することができるような格率だけにしたがって行動せよ」という命令である。つまり、自分の行動の基準となる法則があらゆる他者にとっても同じように受けいれられる普遍法則であるかを考えなければならない。

そうすると、たとえば嘘をつくことを普遍法則であってほしいと望むことはできない。自分は嘘をついてもよいが他者は嘘をついてはいけないというのは自分勝手以外の何物でもなく、自分も他者も嘘をついてよいというのは自滅的である。したがって、自分と他者の立場を置きかえたとしても、矛盾なく誰もが受けいれられる法則にもとづく行動こそ、道徳的な行動なのである。

先にも述べたように、カントによれば、ある行動が道徳的であるかどうかは、それが結果ではなく動機によって決定される。人がある行動をするときに、その行動の結果として定めた目的は、当人には該当しても他者には該当しない「相対的な目的」である。だから、それに従って行動せよというのはあくまで「仮言的」な命法である。けれども、それ自体で目的として絶対的に価値があるものがあるとすれば、「そのなかに、もっといえばそのなかにだけ、定言命法の根拠となるものが存在する」。カントによれば、それは「人間性」である。カントは次のようにいう。

　　人間は、そして理性的な存在者は、それ自体が目的として現実存在するのであって、あれこれの意志のために任意に使用されるためのたんなる手段として現実に存在するのではない。その行為がみずからに向けられる場合にも、その他の理性的な存在者に向けられる場合にも、人間はつねに同時に目的としてみなされなければならないのである（カント 2022）。

ここからカントは、次のような第二の命令を引きだす。

　　汝の人格〔理性的な存在者〕や他のすべての人格のうえに存在する人間性を、いつでも同時に目的として使用しなければならず、いかなる場合にも単に手段として使用してはならない（カント 2022）。

つまり、「理性的な本性を持つものは、それ自体が目的として現実存在する」のであり、したがって、「それ自体が目的であるために、すべての人にとって

必然的な目的となるものについての観念が、意志を決定する客観的な原理となるような原理であって、それゆえに普遍的な実践法則として利用できるような原理でなければならない」のである。定言命法とは、理性的な人間そのものを目的として処遇することを求める原理であり、人間が自由だといえるのは、定言命法に従って行動している場合だけなのである。

　こういうカントの議論は、現代のさまざまな理論家に影響を与えているが、その影響を最も直接的に受けた議論を展開する者として、オノラ・オニールが挙げられる。オニールはカントの定言命法から導かれる普遍的義務の含意をグローバルな貧困に結びつけて考察し、他者を「目的」として処遇するという理念から導かれるグローバルな正義の義務について論じるのである（詳細は第3章参照）。

（3）功利主義

　道徳理論において、ある行為の正しさを判断する場合に、その行為によって生じる結果から判断しようとする考え方を帰結主義という。功利主義は、帰結主義の一種であり、イギリスの哲学者ジェレミー・ベンサムやジョン・スチュアート・ミルを父祖とする理論である。ベンサムらによれば、道徳理論は、権利や義務などといった、抽象的な用語から組み立てられるべきではない。そこで彼らが着目するのは、人は誰しもが「苦しみを避け、幸福を増したい」と考えるはずだ、という各人に備わった客観的な人間本性である。ゆえに、ある行為の正しさを導く有効かつ合理的な基準は、特定の行動によってもたらされる「快楽」ないし「苦しみ」を評価するという点に求められるべきだという。ベンサムのこうした考え方は「功利性の原理」と呼ばれ、よく知られているように、国家は「最大多数の最大幸福」をもたらすような政策を実行すべきなのである。

　こういう功利主義はどのような意味でコスモポリタニズムと結びつくのだろうか。それは端的にいって、ある行為によって人びとの幸福がどれくらい増すかを測る「効用計算」において、各人は全く平等に処遇されるというところに表れる。「最大多数の最大幸福」がもたらされるためには、どういう政策を取ることで誰の幸福がどのくらい増すのかを客観的に判断できなければならな

い。ゆえに、ベンサムは幸福を計算しようとする。このとき重要なのは、王であろうが、一国の首相であろうが、大企業の社長であろうが、いかなる個人の幸福も、あくまで一個人の幸福として処理される、ということだ。立場や出自によって優先される幸福など存在してはならない。功利主義者からすれば、道徳理論は、あらゆる個人一人ひとりを平等に考慮し、みなに利益をもたらすような観点から論じられなければならない。こういう意味で、功利主義は極めて公平なのである。

　第3章で触れるように、ピーター・シンガーは、現代の代表的な功利主義的コスモポリタンである。シンガーの議論は実に単刀直入である。大多数の貧困国の人びとが飢えて苦しんでいる状況で、少数の先進国の人びとが豊かさを享受しているという現状は、明らかに不正である。こういう状況で道徳原理は、世界の貧困を和らげるために、先進国の人びと一人ひとりに対して寄付をすることを求める。シンガーにいわせれば、多くの人びとが飢餓で苦しんでいることを知りながら何もしないのは、池で溺れた子どもを前にして見殺しにするのと同じである。ゆえにわれわれには、遠くの見知らぬ外国人を援助する道徳的義務があるというのである。

（4）契約論的リベラリズム

　現代リベラリズムは、啓蒙思想の影響を大いに受けて発展してきた。その核となる要素の1つが社会契約説である。社会契約説とは、国家主権や政府（国家的な政治枠組み）の正当性を説明する議論であり、17世紀から18世紀にかけて、トマス・ホッブズ、ロック、ジャン・ジャック・ルソー、カントらによって展開された。

　たとえば、ホッブズは主著『リヴァイアサン』のなかで、人びとは、万人の万人に対する闘争状態にあるアナーキーな「自然状態」から抜けだして、自己保存を図るために、理性的な観点から、自分の身は自分で守るという「自然権」をむやみやたらと行使することをあえて放棄し、その権利を国家に委ねるという「契約」をお互いに取り結ぶと主張した。あるいは、「自然状態」をホッブズよりももう少し秩序が保たれた状態だと見なしていたロックは、『統治二論』において、とりわけ所有権の確保のために、各人は自然権の一部を委

託するという社会契約を取り結んで政府を樹立すると主張した。

　社会契約説に基づくリベラリズムの政治哲学は、功利主義やマルクス主義という思想潮流に押されて、とりわけ20世紀前半には影響力を失っていた。そうしたなかで、社会契約説を理論的な支柱に据え、下火となっていたリベラリズムの政治哲学を復権させたのが、現代リベラリズム論の大家であるジョン・ロールズであった。ロールズは著書『正義論』において、社会契約説を基盤に、財の公正配分の基本原理である「正義の二原理」を提示した。彼によれば、それは「原初状態」において、各人が理性的に選択し契約を取り結ぶと考えられる原理である。「原初状態」とは、誰にとっても受けいれられる正義の原理を導きだすためにロールズが設定した仮説的な状況である。ここで着目すべきは、そういう思考実験において、どのような主体が互いに契約を取り結ぶと想定していたのかという点である。ロールズは次のように述べている。

　　いかなる者も、社会における自分の位置や階級的立場、社会的地位を知らないし、自分の先天的資源や能力、知力や体力などの分配における運も知らない。私は、当事者が自分の善の構想や特殊な心理的性向を知らないとさえ仮定してみたい。正義の原理は無知のヴェールのもとで選択される。このようにすれば、誰一人として原理の選択にあたって、先天的な運や社会的環境の偶然性の結果によって有利にも不利にもならない。全員が同じような状況に置かれており、誰もみずからが置かれた特定の状況に都合の良い原理を策定できない。それゆえ、正義の原理は、公正な合意や交渉の結果もたらされる（ロールズ 2010）。

　つまり、「原初状態」において前提とされているのは、いかなる経済的・宗教的・人種的関係などへの帰属によっても規定されることのない、いわば無属性的で文化中立的な個人である。こういう個人像は、先述した啓蒙思想において理想とされていた個人像と大いに重なる。ロールズによれば、誰にとっても妥当な正義の原理は、最も社会的に不遇な状況に置かれた他者と互換可能なまでにみずからが置かれている状況を抽象化することによって、導きだされるのである。

　そうだとすれば、理論上、正義の原理はどの社会においても同一のものが普遍的に導きだされるのではないか。このように考えたのが、チャールズ・ベイツである。第3章でより詳細に論じているが、ベイツからすれば、ロールズが「正義の二原理」を導出するさいに用いた思考実験では、先の『正義論』から

の引用部分を素直に読めば明らかなように、「○○人」という各人の属性は剥ぎとられている。つまり、「原初状態」における各人は、自分がどのネイションや民族集団に所属しているのかを知らないのである。だとすれば、正義の原理が受けいれられ支持される範囲について、「国境」という恣意的な要素が影響するはずがない。

　ベイツによれば、正義の原理の適用範囲を国内に限定することは、結局のところ、貧しい国々の人びとに与えられるべき援助や補償が行き届かないことになる。それゆえ、グローバルな視点で見た場合、最も貧しい人の利益を極大化できないために、正義の原理は道徳的な妥当性を失ってしまう。いいかえれば、国内の正義の原理が真に正義の原理になりうるのは、それが同時にグローバルな規模で普遍的に妥当な正義の原理でありうる場合だけなのだ。こういう観点から、ベイツはロールズ的な契約論を批判的に継承し、グローバルな「原初状態」のもとで人びとは理性的に選択し、普遍的に妥当な単一のグローバルな正義の原理に同意するはずだ、と主張したのである。

4　コスモポリタニズムの解釈

　これまで述べてきたように、コスモポリタニズムは、その理念をいかなる理論的な根拠に結びつけるかという点で、いくつかに類型化できる。こういう類型とは別に、コスモポリタニズムの理念をどのようなものとして信奉するか、あるいはコスモポリタニズムの理念をどの程度支持するのか、というところでも、いくつかに峻別することができる。

　| 道徳的／制度的
コスモポリタニズム |　まず、コスモポリタニズムは、「道徳的コスモポリタニズム」（moral cosmopolitanism）と「制度的コスモポリタニズム」（institutional cosmopolitanism）に分けることができる。「道徳的コスモポリタニズム」は、冒頭で示したコスモポリタニズムの3つの理念（個人主義・普遍性・一般性）を体現し、それらが個人や集団の行動をどのように調整・制約すべきか、また、既存の制度的ルールや慣行をどのように評価すべきかに着目する。ゆえに、国家間の大規模な統合や、グローバルな秩序の根本的な改変を求めるわけではない。

他方で、「制度的コスモポリタニズム」は、グローバルな統合の必要性をその中心に据えており、グローバルな政治システムを構築することに主眼を置いている。コスモポリタニズムの理念は、主権国家システムにおいて生じるさまざまな要因によって実現しにくくなるために、グローバルなレベルの政治システムの変革の道を模索するのである。

**強い／弱い
コスモポリタニズム**

　また、コスモポリタニズムは「強いコスモポリタニズム」（strong cosmopolitanism）あるいは「極端なコスモポリタニズム」（extreme cosmopolitanism）と、「弱いコスモポリタニズム」（weak cosmopolitanism）あるいは「穏健なコスモポリタニズム」（moderate cosmopolitanism）に峻別できる。

　「強い／極端なコスモポリタニズム」とは、道徳の領域は、グローバルな領域にまで間違いなく広がるのであり、ネイションレベルやローカルなレベルなど、特定の個別の領域にまでしかおよばないと考えるのは誤りだという考えである。というのも、あらゆる正義の義務はグローバルな義務であり、ネイションや地域を分かつ境界線は道徳的に重要ではなく、倫理的にも無関係だからである。

　他方で、「弱い／穏健なコスモポリタニズム」とは、あらゆる正義の義務はグローバルな義務であるという立場に与せずに、少なくとも国境を越えたなんらかのグローバルな義務が存在することは認めるという、よりミニマルな立場に立つ。すなわち、その主張の核心には「道義性のうちのある部分は普遍的である」ことを認めるというに留まり、ネイションを越えて有効な、他者を平等に配慮する原理がなんらかの形で存在するとしても、それと同時に、より限定的な空間にしか妥当しない、別個で独自の原理もまた存在するという考えがあるわけだ。

　このように、コスモポリタニズムの理論家は、みずからがコスモポリタニズムをどれほど信奉するかというその強弱や、グローバルだと考える義務の程度や種類によって、さまざまな見解を支持することになる。制度的コスモポリタニズムを支持する者のなかには、道徳的コスモポリタニズムは、それが求める義務や責任を執行・管理するグローバルな制度の確立を必要とすると主張する者もいる。けれども、道徳的コスモポリタニズムを支持するからといって、必ずしも制度的コスモポリタニズムを支持することになるわけではない。さら

に、どの程度コスモポリタニズムを信奉するかによって、目指すべき理想的な政治枠組みのあり方も変わるのである。

5　コスモポリタニズムの世界秩序構想

とはいえ、一般にコスモポリタニズムの立場に立つ理論家は、コスモポリタニズムの理念を実現するためのグローバルな制度的な改革の必要性を是認することから、ある種の制度的コスモポリタニズムの立場を取るといってよい。それでは、コスモポリタンは、いかなる世界秩序の制度的な構想を描くのだろうか。それには主として、以下のような3つのタイプが考えられる。

　世界政府　　まず、最も強力な制度的なコスモポリタンは、「世界政府」や「世界国家」を志向する。その理念は、古くは、ルネサンス期の詩人ダンテ・アリギエーリの『帝政論』において、あるいは20世紀初頭には、作家であり社会主義者であったハーバード・ジョージ・ウェルズによって、これまでたびたび論じられてきた。なかでも20世紀のアメリカを代表する「現代主義」の国際政治学者ハンス・モーゲンソーが「世界国家」について論じているのは興味深い。ウェルズやモーゲンソーが指摘したように核の脅威はますます現実のものとなりつつあり、破滅的な気候変動や、宇宙空間をも利用した兵器の開発、さらには悪意ある人工知能の開発など、人類を取り巻く脅威は増すばかりである。こういう脅威に対応するために、グローバルな規模の政治統合の必要性が論じられている。

　こういうなかで、ルイス・カブレラは、「強いコスモポリタニズム」の立場から、そういう理念の制度的な実現を目指して、世界政府を志向する。彼が重視するのは人権である。諸種の国際規約のなかでさまざまな権利が人権として規定され、誰しもがそれらの人権を享受できなければならない。にもかかわらず、多くの人びとの人権が侵害された状況にあるのは大いに不正である。既存の諸国家からなる世界において、自国民の人権保護を第一義的に担うべきは、当該国家である。だが、あまりにも多くの国家が自国民の人権保護に失敗している現状に鑑みれば、国家レベルでの抑圧や権利侵害に対抗するためにも、グローバルなレベルでの政治統合がなされ、あらゆる個人の利益や権利を促進す

る世界政府が構築されるべきなのである。カブレラいわく、それは「コスモポリタンな命題」（cosmopolitan imperative）なのである。

グローバルな制度の改善・刷新　とはいえ、人権の確保と保護にしっかりと根ざした世界政府への道のりは長く、不確かなものである。それゆえに、コスモポリタニズムの実現のために、世界政府のようなグローバルなレベルでの政治統合ではなく、われわれが直面する脅威に対応できるように、グローバルな協働の枠組みの構築や改善を求める論者もいる。いわゆるグローバルな正義を主として論じるコスモポリタニズムの理論家は、この立場に立つ者が多い。

　たとえばポッゲは、第3章で触れるように、富裕国に有利であり、貧困国を不利な状況に留めおくような現行のグローバルな経済システムについて、貧困国に対する危害の禁止という観点から積極的に改革するべきだと主張する。あるいは、ダレル・メーレンドルフは、グローバルな不平等を是正するためには、富裕層から貧困層への富の再分配効果をもつ新しいグローバルな制度を構築すべきだという観点から、たとえば、国境を越える移動の自由を法制度としてグローバルに組みこむことや、なんらかの形でのグローバルタックス（世界税）を導入して、富裕国と貧困国の所得格差の是正に努めるべきだと論じる。

コスモポリタン・デモクラシー　また、デイヴィッド・ヘルドやダニエル・アルチブーギは「コスモポリタン・デモクラシー」の構想を提示する。彼らによれば、主権国家だけに固執していては、グローバルなレベルでの民主的な正当性はもはや担保できない。そこで彼らは、元来、主権国家が有してきた機能を段階的に下位のローカルなレベルおよび上位のグローバルなレベルに分散させ、それぞれのレベルにおけるデモクラシーの実践を通じた民主的な正当性を担保しようとする、多層的なガヴァナンスの構想を描く。これらの制度的なコスモポリタニズムの構想は、国際関係論におけるグローバル・ガヴァナンス論などと接点をもちつつ、積極的に展開されている。

6　おわりに

　コスモポリタニズムは極めて崇高な理念である。あらゆる者は個人として平

等に尊重されるべきであり、生まれや所属や社会的階級などによって異なる処遇を受けるべきではない。これはもっともな主張である。したがって、この主張を突き詰めていけば、本来同じはずの人間を分かつあらゆる境界線は不当だということになる。こういう境界線の最たるものが国境線であり、ナショナリズムは、国境線の内側にいる人びとを「同胞」であるとして、外側にいる「異邦人」と区別しようという主張である。ゆえに、コスモポリタニズムは基本的に、国境線やナショナリズムとは相いれないのである。

コスモポリタニズムからすれば、国境線で囲われていることはなんら道徳的な重要性をもたない。したがって、原理的にいって、国境線という垣根は取り払われるべきであり、1つのグローバルな社会において、多様な文化的・宗教的・民族的な背景を有する個人が、個人として平等に尊重される単一のリベラルな政治的枠組みのもとで、混ざりあいながら共に暮らすことになる。コスモポリタニズムはこういう「人と人との共生」のあり方を理想とする。私はかつてこのような共生の構想を、「雑居型多文化共生世界の構想」と呼んだ。

あえていまいちど述べるが、コスモポリタニズムは極めて崇高な理念である。この理念そのものに真っ向から反対できる者はそうはいないであろう。だが、「人と人との共生」のあり方として、はたして「雑居型」の構想が規範的な観点からしてわれわれが目指すべきものなのかどうかは慎重に考慮すべきである。人間は種としての人類であるとともに、別個の特定の社会のなかに生まれ落ちた「社会的」存在だからである。われわれはもとより、「普遍性」と「個別性」のあいだに挟まれたヤヌス的な存在なのだ。そうであるとすれば、どちらか一方の極だけに振れてしまうのは、望ましくないのかもしれない。われわれが「個別的」であり「社会的」な存在であることは規範的な重要性をもたないのか。「普遍性」と「個別性」を両立させる手立てはないのか。こういったことを考えるために、次章では「コミュニタリアニズム」のほうに目を転じよう。

○ Further Topics 1　　国際関係論における「連帯主義」

　国際政治学・国際関係論は基本的には「科学的」な研究が優勢であるが、規範的な研究が存在してこなかったわけでは決してない。とりわけ、「英国学派」

（English school）と呼ばれる知的伝統に連なる論者は、規範や価値に重きを置いた研究を行ってきた。英国学派の論者は、大別すると「連帯主義」（solidarism）と「多元主義」（pluralism）という立場に分かれ、論争を繰り広げている。ここでは、コスモポリタニズムの立場に親和的な「連帯主義」について少し触れておきたい。

　英国学派の議論の中核をなす概念は、「国際社会」（international society）という政治空間だが、「連帯主義」とは、この「国際社会」がなんらかの１つの価値や規範のもとにまとまっている、あるいはまとまっていくべきだ、という見方である。そして、「国際社会」が「連帯」するうえで一般に最も重要だと見なされるのが、普遍的な人権の保護である。この普遍的な人権という価値のもとに、「国際社会」は１つにまとまり、ゆくゆくは「世界社会」（world society）を形成すると論じる者もいる。

　ここで問題となるのが、主権国家の存在である。連帯主義者からすれば、主権国家は「国際社会」における重要な主体ではあるが、唯一の主体ではない。ゆえに連帯主義者はその規範的な重要性を相対化しようとする。どの程度相対化するかは、論者によってさまざまだが、連帯主義者は概して、人権という普遍的な価値は時として国家主権に優越するとして、人道的介入を積極的に支持し、国家は見知らぬ他者を救出する「正義」の義務を負うと考える。

　また、アンドリュー・リンクレイターは、「批判理論」（critical theory）の立場からさらに連帯主義的な傾向を推し進め、「主権国家」そのもののあり方を変革しようとする。なぜなら、「主権国家」とは、本来は同じ類としての人間を、「市民」と「部外者」に分ける排除の装置であるからだ。彼によれば、重要なのは、特定の国家の市民であることの道徳的な重要性をあげつらうことではなく、人間中心の普遍的な語法で、特定の共同体に対する忠誠心を解きほぐし、人間同士の連帯につなげていくことである。

　こういう連帯主義者の議論は、「コスモポリタニズム」の議論と大いに重なるところがある。政治哲学者のみならず、国際政治の規範理論の論者の知見を参照することで、コスモポリタニズムやコスモポリタニズム的な世界観への理解がいっそう深まるだろう。

【文献紹介】
ブル、ヘドリー（臼杵英一訳）『国際社会論──アナーキカル・ソサイエティ』岩波書店、2000年。
ブザン、バリー（大中真ほか訳）『英国学派入門──国際社会論へのアプローチ』日本経済評論社、2017年、特に第８章、第９章。

第2章

コミュニタリアニズム

1　はじめに

　人はみな、種としての人類である。だが、だからといって、「人類みな兄弟」だというのは、理想としては理解できても、実際にそのような感覚を得ることはなかなかむずかしい。たとえば、自己紹介をする場面を考えてほしい。はたして、自分が所属する特定の社会や集団を参照することなしに、自己紹介ができるだろうか。家族、学校、部活、サークル、職場など、人は一般にさまざまな社会集団に所属し、それは各人のアイデンティティの源泉となる。そもそも「アイデンティファイする」ことそのものが、他者との区別を前提とする。「私とこの人は同じ」「私とあの人は違う」というような形で、なんらかの線引きをし、共属意識を確認しなければ、自己のアイデンティティの確立など不可能だろう。現代の代表的なコミュニタリアンであるアラスデア・マッキンタイアは、次のように述べている。

> 　われわれはみな、特定の社会的アイデンティティの担い手として自分自身の環境に接する。私は誰かの息子であり、誰かのいとこやおじである。私はあれこれの都市の市民であり、あれこれの団体や職業の構成員である。私はこの氏族、あの部族、このネイションに所属している。それゆえ、私にとって望ましいことは、これらの役割を担う者にとっても望ましいことであるに違いない。そういうものとして私は、自分の家族、自分の都市、自分の部族、自分のネイションの過去から、さまざまな負債、恩恵、正当な遺産、義務といったものを引き継いでいるのである（マッキンタイア 2021）。

　このように「コミュニタリアン」と呼ばれる理論家は、自分が所属する団体や社会に先行して「個人」が存在するとは考えず、当人が所属する「共同体」との結びつきを重視する。だが、一口に「共同体」といってもさまざまに存在

するのであって、どの共同体を重視するのかによって、コミュニタリアニズムのあり方も極めて多様である。

　思想史的にみれば、コミュニタリアニズムの源流は、１つには、自分が所属する社会、すなわち「祖国」（パトリア）への愛としての「パトリオティズム」に行きつく。前章で触れたように、古代ギリシャ・ローマ哲学においては、ストア派的なコスモポリタニズムが生じてきたが、実のところ他方で、「祖国愛」についても大いに論じられたのである。たとえば、キケローは「コスモポリタニズム」の重要な論客である一方で、祖国への愛を説き、人びとは祖国に献身し、祖国に対する義務を果たさなければならないと強く主張した。

　他方で、上述のマッキンタイアは、自分にとってより身近にある比較的小規模なローカルな共同体（学校、職場、教会など）を重視する。さらには、「世界共同体」や「グローバル共同体」のような広範にわたる共同体を重視する論者も、見方によってはコミュニタリアンである。

　このようにコミュニタリアニズムは多様なのだが、本書で着目する「コスモポリタン＝コミュニタリアン論争」の文脈における「コミュニタリアン」は基本的に、「ナショナルな共同体」つまり「国民国家」を重要な共同体であると捉える。彼らは、リベラリズムにおいて重要な価値であるとされる、個人の自由、平等、民主主義などを実現するうえで、各人が帰属するナショナルな共同体の文化的文脈や伝統が重要な役割を果たすと考えるからだ。ゆえに、そういう論者からすれば、世界が個々のナショナルな共同体に区切られていることこそ肝要なのであり、そこに国境線の道義的な意味もある、というわけだ。このような主張は、一般に「リベラル・ナショナリズム」と呼ばれ、リベラリズムの政治哲学のなかで、今や一定の合意を獲得してきている。

　本章では、このリベラル・ナショナリズムの理論家の議論を中心に、「コスモポリタン＝コミュニタリアン論争」における「コミュニタリアニズム」の思想史的な源流や彼らの中心的な主張、およびその世界秩序構想について整理していこう。

2　コミュニタリアニズムの思想史

コミュニタリアニズムとは、各論者がさまざまある共同体のうちどの共同体を重視するかはともかく、個々の人間と所属する共同体との結びつきを重視する思想である。先述のように、このような考え方は古代から息づいていた。だが、とりわけ18世紀の啓蒙思想の興隆によって、次第にそういう考え方は批判にさらされるようになる。啓蒙思想は、各人は理性を発揮して共同体的なしがらみから脱して、共同体のなかに埋没するのではなく、確固たる自律的な「個人」として存在するし、そうあるべきだと喧伝したのである。

だが、このような極めて個人主義的な傾きをもつ啓蒙思想に対して、異論や反論がなかったわけでは決してない。個人とは共同体や社会から独立した存在ではなく、そのなかで紡がれる存在であるという思想潮流は、いわゆる大陸的な啓蒙思想とは一線を画する、いまひとつの啓蒙の思想潮流である「スコットランド啓蒙思想」や、大陸的な啓蒙思想に対するアンチテーゼとしてドイツで登場した、「ロマン派」や「観念論哲学」の著述家や思想家の議論のなかに見いだせる。

（1）スコットランド啓蒙思想

高名な経済学者フリードリッヒ・ハイエクは、個人をどのように理解するかという点について、次の2つの見方が存在するという。個人を「社会から孤立した存在、あるいは自己完結した存在」として捉える「偽りの個人主義」と、個人を社会と不可分な存在だと見なす「真の個人主義」である。そして、「偽りの個人主義」とは、フランスの百科全書派などを代表とする大陸的な啓蒙思想において主流の議論であり、他方で「真の個人主義」は、フランシス・ハチスン、デイヴィッド・ヒューム、アダム・スミスらを代表的な論客とするスコットランド啓蒙思想の知的伝統に由来する、というのである。

スコットランド啓蒙思想の特徴の1つは、理性よりも感情が先行するとして、理性ではなく感情から道徳理論を構築しようと試みた点にある。代表的な思想家であるヒュームやスミスの道徳哲学に共通する前提は、簡潔にいえば、

人間を本質的に社会的な存在であると捉えるところにある。彼らは人間の本性を理性ではなく、感情や他者に対する情緒に求め、そこに道徳が社会的に形成される理由を見いだす。彼らによれば、社会秩序を導く人間本性は、理性や合理性というよりも、他者に対する「共感能力」(sympathy) である。それは、他者の喜びや悲しみや怒りなどの感情を読みとり、想像力を使って、それらの感情をみずからのなかに引きだそうとする人間の情緒的能力である。

　ここで、特にヒュームやスミスによれば、かかる人間の共感能力は普遍的に広がるわけではなく、限界がある。自分にとって近しい他者に対しては共感能力が働くが、あまりに遠くの他者に対しては、共感能力を発揮することはできない、というわけだ。ではその限界はどこにあるのか。スミスによれば、それは自分が所属する国家である。人間が一般に共感能力を発揮できるのは、自分が所属する社会にともに所属する人びとに対してまでであって、それよりも外側の他者に対して共感することはむずかしい。ゆえにスミスは、次のように述べる。

　　われわれの祖国愛は人類愛から導かれるわけではないように思われる。祖国愛という感情は、人類愛とは全く別個のものであり、時としてそれと相反するように行動するようにわれわれに促すことさえあるように思われる（スミス 2013）。

（2）J・G・ヘルダーの啓蒙思想批判

　スコットランド啓蒙思想とならんで、個人と当人が所属する社会や共同体の結びつきを重視する思想は、ドイツのロマン派や観念論哲学にも見うけられる。そのなかでも、ヨハン・ゴットフリート・ヘルダーの思想の影響力は絶大である。ヘルダーはしばしば、現代のコミュニタリアニズムの源流であるといわれる。イマヌエル・カントとほぼ同時代に生きたヘルダーは、そのカントを師としつつも、カントとは異なり、人間形成における文化の役割を強調し、社会から独立して存在する理性的な個人という啓蒙思想において優勢な人間観を厳しく批判した。

　ヘルダーによれば、人びとの人格的形成は無からなされるわけではなく、自分が所属する社会や共同体の文化を通して形成される。人びとの行動のあり方や考え方は、当人が先人たちによって培われてきたやり方を受けいれ、模倣す

ることによって次第に定まっていく。先人たちの慣習や思想の積み重ねこそ
が、当の社会で受け継がれてきた文化や伝統である。ゆえに、置かれた自然的
環境によって人びとの実践が変化するとすれば、文化や伝統も多元的であるは
ずである。たとえば、海や川の近くの人びとは漁労に勤しむだろうし、そうい
う営みのなかで独自の生活様式や技法を発展させるだろうが、それは高い山肌
や砂漠地帯に暮らす人びとの文化や伝統とは異なっていて当然である。文化や
伝統はどこにでも存在するが、それは自然環境や歴史、あるいは社会政治的な
境界線によって変化し、それぞれが固有の形態を取るわけだ。ヘルダーはこの
ような多元的な文化のありようが人類史を紡いできたという。ヘルダーによれ
ば、

　　人間の有する生きた諸力が人類史を動かすバネである。人間はある種族から生ま
　れ、そのなかで育つため、容姿や教育や思考様式は、おのずとすでに発生的なものと
　なる。最古の諸民族に深く刻まれている独自の民族性が地球上における彼らのあらゆ
　る活動に明瞭にあらわれるのもこのような理由によるものである。鉱泉がみずから滲
　みでる土壌から固有の成分や効力や味を獲得するのと同じように、諸民族の古くから
　の性格は、種族の特徴、風土、生活様式、教育、それに各民族に固有のものとなった
　昔からの仕事や行動から生まれた。先祖の風習は深く根を下ろし、その種族を内面か
　ら支える規範となったのである（Herder 1981）。

　ヘルダーからすれば、啓蒙思想はこういう人間の生き生きとした営みに全く
価値を置かない冷たい理性主義である。だが、「心、情熱、血、人間性、生命」
が抜けおちてしまった議論に見るべきところはあるだろうか。人間をあたかも
理性を用いる「機械」のように一律に捉えるべきではない。人間は文化によっ
て紡がれる個別的な存在なのである。ゆえに、各人が所属する共同体の文化は
重要なのであり、それは概ね共通の言語を話す集団のなかで受け継がれていく
ものである。ヘルダーのこういう考え方は、のちのナショナリズム論の発展に
多大な影響を与えた。

（3）G・W・F・ヘーゲルの「国家主義」

　ヘルダーの議論は多分に文化的であり、政治社会や政治秩序の観点から文化
やナショナリズムの重要性を指摘したわけでは必ずしもない。そういう意味で

は、ヘルダーの議論を継承しつつも、主権国家という政治共同体の重要性を主張したゲオルク・ヴィルヘルム・フリードリヒ・ヘーゲルの議論が、現代のコミュニタリアニズムの基盤をなすと主張する論者もいる。

　ヘーゲルは、個人の自由の実現という観点から、主権国家という共同体を擁護する。ヘーゲルによれば、自由が真に意味をもつには、それが各人が所属する特定の社会的・共同体的な文脈のなかで解釈されなければならない。それはどういう意味だろうか。

　社会契約説の論者がしばしば指摘するように、人びとが社会契約を取り結び、共通の制度枠組みを確立してそれに従おうとするのは、各人の利益や自由を守るためである。それは方法論としては極めて客観的でありうるかもしれないが、実質的にどのような利益や自由を守るために、お互いにどのような義務を課す制度枠組みを構築するかという点は、当の社会や共同体によって異なるはずである。

　つまり、人びとが自由を守るために従う義務とは、カントが論じるような理性的に導かれる普遍的な義務ではなく、個別具体的な共同体の構成員としてはたす義務であるはずだ。そのような義務であるからこそ、各人はその義務を自分のものとして受けいれるわけだ。ヘーゲルはこのような義務を果たすことで、人間は「倫理的生活」を送れるようになり、「倫理的生活」のなかでこそ、各人の自由は実現されるというのである。

　「倫理的生活」の最も原初的なものは「家族」のなかにある。だが、社会は複数の家族からなるわけであり、そういう社会における「倫理的生活」を支える義務は、家族的な関係性のなかだけでは出てこない。ゆえに各人はより広い文脈、すなわち「市民社会」の一員となる。ヘーゲルのいう「市民社会」とは、各人が経済的な関係を取り結びつつ、自己利益を追求する場である。ただし、各人の自己利益はしばしばぶつかりあうため、市民社会はそれを調停する司法の機能や社会の秩序を維持する警察機能を備える。だが、市民社会における義務は、家族の一員であることから内的に生じてくる義務とは異なり、非人格的な規則にもとづくものである。つまり、人びとはそういう義務を本質的に自分のものとして受けいれるわけではない。

　ゆえに、真に自由であるために、人びとはさらに上位の「国家」の一員であ

ることを必要とする。国家は諸々の「家族」や「市民社会」を包括する有機体であり、人びとは「国家」の一員となることで市民権を獲得する。人びとは市民として義務に服し、それを実行するという「倫理的生活」を送ることで、真の自由を獲得できるのである。こういう意味で、「国家」とは「人倫の最高段階」にあるのである。

国家とは、自由を最も満足に実現する「倫理的生活」を各人が送ることができる空間であるがゆえに、各人にとって極めて重要である。こうしたヘーゲルの議論は、現在の主権国家の多元的共存という「国際社会」（諸国家からなる社会）のヴィジョンを導く根拠となるのである。

（4）J・S・ミルの政治思想──リベラル・ナショナリズムの源流

18世紀の政治思想に最も大きな影響を与えたのは、フランス革命であろう。フランス革命からそれに続くナポレオン戦争は、ヨーロッパやアメリカ大陸に、リベラリズムの種をまくと同時に、ナショナリズムという種もまいた。

フランス革命を機に本格的に生じてきたナショナリズムの理念は、理論的にはヘルダーらのロマン主義的な思想潮流の影響を受けており、それはヨーロッパにおいては、チェコ、ハンガリー、ポーランド、イタリア、アイルランドなど各地域での王家に対するナショナリスト的な抵抗運動という形で結実した（いわゆる「諸国民の春」）。また、中南米においては、ハイチのフランスからの独立を皮切りに、サン・マルティンやシモン・ボリバルらに率いられたスペイン・ハプスブルク家に対する独立運動が各地で起こった。こういう独立運動は概ね、絶対主義的な王家の専制政治に対して、個人の自由や立憲主義などリベラリズムの理念の実現を目指す独立運動であった。

こういった時代状況において、19世紀イギリスの哲学者ジョン・スチュアート・ミルは、イタリアなど各国の独立運動を支持しつつ、「異なるネイション集団を内包する国家において、自由な制度は不可能に近い」と主張した。ミルは、イタリア独立を目指した政治結社「青年イタリア」の指導者であるジュセッペ・マッツィーニと並んで、リベラル・ナショナリズム論の源流であると見なされる。ここでは、のちのリベラリズム論に与えた影響の大きさに鑑みて、ミルの議論に着目しよう。

ミルは『代議制統治論』の第16章「ナショナリティ――代議制との関係において」で、リベラル・デモクラシーの政治枠組みとの関連でナショナリティを明確に位置づけている。ミルによれば、

　　人類の一部が、他のいかなる者との間にも存在しない共通の同情によって自己のあいだに結ばれ、他の人々よりも進んで互いに協力し、同一の政府のもとにあることを望み、かつ、それが自己または自己の一部のみによる政府であることを望む場合には、ネイションを構成するといえるだろう（ミル 2019）。

　ここでの議論は、単に人々はナショナリティを有しているという事実を認めるだけでなく、ナショナリティがリベラルな統治をいかに支えることができるかを確認するものである。ミルにいわせれば、ナショナリティとは、一人ひとりの個人を、彼らが「自分たちのものだ」と思うことのできる単一の政治的主体に結びつけることによって、リベラル・デモクラシーの政治枠組みが不安定になってしまうのを抑制することができるのである。つまり、リベラル・デモクラシーの理念は、ナショナリティによって下支えされることによって、より安定的かつ効果的に実現できるというわけだ。

　各人がばらばらで各々が自己利益のみを追求する主体なのであれば、リベラル・デモクラシーの理念にもとづく公共の政治枠組みを互いに長期的に支えようとは思わないであろう。なぜなら、それはわれわれに義務を課し、われわれの自由を束縛するものだからである。したがって、人が自己利益だけを追求するとすれば、自己利益に合致する場合にだけ、そういう枠組みを下支えしようとするはずだ。それでは、リベラル・デモクラシーの政治枠組みは長期的な安定性を欠くことになる。

　しかしながら、ナショナリティは、それを共有する者全員を、同一の政治枠組みのもとに統合する一応の根拠をもたらす。つまり、ナショナリティの共有は、リベラル・デモクラシーの政治枠組みを下支えするうえで各人が引きうけるべき義務を「自分たちの」義務にし、それを積極的に引きうけるべき正当な理由をもたらすというわけである。ミルは別の著作で次のようにも述べている。

　　大雑把の意味でナショナリティとは、外国人への無分別な敵愾心や人類の一般的不利に対する無関心や国益の主張に肯定することや馬鹿げた特色をナショナルなもので

あるという理由で大切にすることや、あるいは他国で有益であるとされているものの採用を拒否することを意味するわけではない。われわれの意図するのは敵意でなく共感の、分離ではなく統合の原理であり、同じ政治枠組みのもとで暮らし、同じ自然的、歴史的境界線のなかに包摂する者に共通する利益にかかわる1つの感情を意味するのだ（Mill 2006）。

　このように、ミルはリベラル・デモクラシーの政治枠組みとナショナリティが結びつく意義を積極的に評価している点で、リベラル・ナショナリズム論を最も原初的な形で示した理論家の一人であるといってよいだろう。

3　リベラル・ナショナリズム――ナショナリティの規範的な擁護

　リベラル・ナショナリズム論とは、1990年代にリベラリズムの政治哲学のなかで生じた理論である。これがやや物議を醸す議論であったのは、そもそも政治哲学はしばしばナショナリズムを議論の俎上に載せることを避けてきたからである。その理由はいくつか挙げられるが、たとえば前章で指摘したように、リベラリズムは啓蒙思想の影響を大いに受けており、ゆえに、リベラリズムの理論家は、一部の例外を除いて、ナショナリズムの規範的な有効性に疑義を呈し、ナショナリズムをまともに取りあげようとしてこなかった。リベラルな理論家にとって、ナショナリズムとは原初的な部族的な感情への回帰にすぎなかったのである。

　また、多少逆説的ではあるが、リベラリズムの理論家は、その大家であるジョン・ロールズやロナルド・ドゥオーキンらをはじめとして、自由・平等・民主主義といったリベラルな価値やその具体的な構想を論じるうえで、半ば無意識的に特定の政治社会、つまり国民国家を想定していた。ゆえに、ネイションやナショナリズムは検討の対象であると意識されてこなかったのだ。

　しかしながら、1970年代後半から80年代にかけて、いわゆる「リベラル＝コミュニタリアン論争」や多文化主義の理論が登場し、個人と文化集団との関係性や、マイノリティ集団の権利の擁護といった議論に注目が集まるにつれて、1990年代以降の英米圏の政治哲学において徐々にネイションや国民国家にも関心が寄せられるようになり、リベラル・デモクラシーの政治枠組みやリベラル

な理念とのかかわりでネイションやナショナリズムが論じられるようになった。

　ウィル・キムリッカによれば、リベラル・ナショナリズム論は、リベラリズムと文化の関係性を再考しようという「リベラルな文化主義」(liberal culturalism) と呼ばれる潮流の１つであり、リベラリズムとネイションやナショナルな文化との結びつきに着目する議論である。その代表的理論家としては、キムリッカ自身に加えて、ヤエル・タミール、デイヴィッド・ミラー、マーガレット・カノヴァン、マイケル・ウォルツァーなどが知られている。

　リベラル・ナショナリズム論とは、一言でいえば、リベラル・デモクラシーの政治枠組みは、ナショナルな文化を共有する集団に下支えされることでうまく機能するという主張である。リベラル・ナショナリストはこの点について、リベラリズムの中核的な要素である個人の「自律」や国家の「中立性」について再考しつつ論じている。

　┌─────────────┐
　│ 個人の自律と　│　すでに述べたように、一般にリベラリズムでは属性を
　│ ナショナルな文化 │　はぎとった各人が善い生き方を探求するために理性的
　└─────────────┘
な選択を行うのであり、そういう個人は自分の社会的属性にさほど重きを置かないと考えられてきた。だが、ここで問題になるのは、個人の理性的かつ自律的な選択は何を基盤になされるのかということであった。

　キムリッカは、各人が自律的な選択を行うための最良の環境を提供するものとして「文化」の重要性を指摘する。なぜなら、個人はそれまでの人生において家族・宗教・教育などの経験を通じてアイデンティティを形成するという意味で、既存のある特定の文化的共同体と密接なかかわりをもった存在だからである。人生の選択は、そうした文化的体験やその共同体のなかで受け継がれてきた「文化的遺産を頼りになされ、個人は、その選択がみずからの今後の人生経路において有意義なものかどうかを判断する」とキムリッカは論じる。

　ここでいう「文化」を、キムリッカは「社会構成文化」と呼ぶ。それは、彼によれば「社会生活・教育・宗教・余暇・経済生活など公的および私的領域の両方を含む人間の活動全般にわたって、さまざまな有意義な生き方をその構成員に提供する文化」であり、この文化は「それぞれが一定の地域にまとまって存在する傾向にあり、そして共有された言語にもとづく傾向にある」という。

つまり、「社会構成文化」とは、ほとんど事実上「ナショナルな文化」である。キムリッカは、リベラルが個人の自律を重視するのであれば、各人にとっての自律的な選択の文脈を提供する「ナショナルな文化」の価値を認識しなければならない、と主張するのである。

国家の文化的中立性という幻想 序論で少し触れたように、一般に、リベラリズムは「国家の中立性」を要求するとされる。なぜなら、リベラリズムは各人が善いと考える生き方の構想を自律的に選択する条件を整えることだけにかかわるべきであり、国家は当の個人の自律的な選択に干渉すべきではなく、また特定の選択をするよう促してはならないからである。いいかえれば、国家はあらゆる個人の善き生から等しく距離を取るべきなのである。

この点を文化との関連で述べれば、政治と文化の問題をいわば「政教分離モデル」で捉え、文化を各人が私的に追求する価値であるとし、国家は文化から超越的であり、その保護や社会的再生産に積極的に関与すべきでない。リベラリズムはそのように考えるのである。

だが、先述のように、個人の自律的な選択と文化が密接にかかわっているとすれば、こうした「国家の中立性」についても疑念が呈されるべきだろう。リベラル・ナショナリストは、少なくとも国家があらゆる文化から中立的であることは事実上ありえないだろうと論じるのである。

たとえば、アメリカの独立記念日やイースターといった祝祭日は、アメリカの歴史と宗教を反映したものである。また、アメリカにおける教育は基本的に英語で行われており、英語の学習は移民がアメリカ市民権を獲得するための法的要件にもなっている。これは何もアメリカにかぎったことではない。我が国のことを考えても、祝祭日は我が国の歴史や宗教、風土を反映しており、アメリカのそれとは大きく異なる。また、帰化申請の際にはかなりの程度の日本語能力が求められる。こういう事実に鑑みれば、いかにリベラルを標榜しようとも、国家は文化中立的であるどころか、事実上ある特定の集団（多くの場合、マジョリティ）の民族文化的な要素を支持せざるをえず、それが当該社会における政治社会の構成原理に大いに反映されることとなる。ゆえに、リベラル・ナショナリストからすれば、国家や政治枠組みが文化的に中立でありうる、というのは幻想にすぎないのだ。

リベラル・ナショナリズムの論者は、国家と文化との
結びつきは不可避だとして、むしろそれをある程度肯
定的に評価する。いいかえれば、平等（社会正義）や
民主主義の実現、およびそれらを重要な構成要素とするリベラル・デモクラ
シーの政治枠組みが安定的に機能するためにこそ、政治枠組みがナショナルな
文化に下支えされる必要がある、というわけだ。

　ここでは手短に社会正義、つまり社会福祉などの財の再分配の枠組みについ
て考えてみよう。財の再分配の枠組みが成り立つには、人びとが自分の所得の
うちのいくらかを税として供出する枠組みに同意してくれなければならない。
だが、よく考えれば、なぜ人びとはみずからに犠牲を強いるような枠組みに同
意するのだろうか。自己利益という観点からすれば、そういう枠組みに同意す
るのは非合理的である。だが、リベラル・ナショナリストによれば、こういう
非合理的なことが可能なのは、人びとが他者に対して仲間意識や連帯意識を
もっているからなのである。タミールは、それを人びとが相互に有する「関係
性の感情」と呼んでいる。

　タミールによれば、再分配の枠組みは、ある程度閉じられた社会においてし
か成り立たない。人びとは利益だけを享受し、負担を避けるために出ていくこ
とが可能だとすれば、再分配の枠組みを長期的に維持できないからである。タ
ミールによれば、そういう閉じられた社会において人びとはお互いの理解や信
頼関係や連帯意識を深め、そのような他者に対して相互に義務を引きうけるよ
うになるのである。こうした「関係性の感情」がないところで、お互いの犠牲
のうえに成り立つような枠組みを維持するのは至難の業である。タミールは次
のように述べる。少々長いが引用しておきたい。

　　われわれが福利を考慮すべき「他者」は、われわれが気遣い、アソシエーションに
　関する自分たちのアイデンティティとかかわりがある他者である。共同体的な連帯意
　識は、親密さと共通の運命という感情、あるいは幻想を生みだすのであり、そうした
　感情ないし幻想は配分的正義の前提条件である。それは「慈善は足許から始まる」と
　いう主張を支持しつつ、諸種の特殊な関係に道徳的な力を付与する。そのうえ、共同
　体的道徳は、将来世代の善き生および共同体の過去を学びとり、それを維持・継承し
　てゆくための資源の配分を正当化する根拠として作用しうる。したがって、国民国家
　のもつ共同体に似た性質は、とりわけリベラルな福祉国家の観念によく、そしておそ

らくは必然的になじむのである（タミール 2006）。

リベラル・デモクラシーの「動力源」としてのネイション ここで改めて、ネイションとはどのような集団であるのか、リベラル・ナショナリストの理解について、主としてミラーの説明に依拠しながら整理しておこう。
第一に、ネイションとは政治的な自決を強く望む人びとの共同体である。つまり、みずからの行く末を自分自身の手で決めたいと願う人びとからなる集団であり、それを実現するために独自の政治枠組みをもちたいと欲する集団である。ネイションとは区別されるところの民族集団は、文化的にはネイションとよく似ているが、彼らが求めているのは、既存の国家内での地位の承認であり、必ずしも厳密な意味での政治的な自決を求めているわけではないのである。

　とはいえ、1つのネイションのなかに複数の民族集団が存在する例は現実に多くある。このことから、ネイションと他の集団のアイデンティティは共存可能なことがわかるだろう。つまり、ネイションにもとづくアイデンティティは、エスニシティ（民族性）などの他の集団的なアイデンティティと原理的には両立可能なのである。すなわち、ネイションにはさまざまな私的な文化が繁栄する余地が大いに残されており、排他的で固定的であるどころか、少なくとも原理上は包括性と柔軟性を有する。これがネイションの第二の特徴である。

　こうした理解を踏まえて、ミラーはネイションの自決を重視し、各ネイションが独自の属性（文化や伝統、自然的経済的状況など）を反映した政治社会を維持・運営できることを求める。すべてのネイションが自己の将来をみずから決定し、なじみ深い社会正義の構想を実現する機会を与えられ、しかも他者はそれらを尊重すべきだと考える。

　ミラーは社会正義の構想にかぎらず、社会的協働を可能にする政治枠組みの諸原則は「身内や同僚などに対する自然な感情を斟酌せねばならず、また人びとはさまざまな要求に従わせるだけの複雑に絡みあった動機——純粋に理性的な確信だけでなく、愛情・自尊心・羞恥といった動機——にもとづいていなければならない」という。まさにこの社会的協働を下支えする動機をもたらすものこそ、ナショナリティなのである。

　カノヴァンが端的に述べているように、リベラル・ナショナリストの重要な

指摘は、リベラリズムや社会正義、民主主義の議論がいずれも、政治共同体の存在に関するある暗黙の前提に依拠しているということを詳らかにした点にある。その前提とは、第一に、社会正義や民主主義などが安定的に機能するためには、当該の政治社会に信頼関係や連帯意識が成立していなければならないということ。第二に、それらは親族・社会階級・宗教・民族などの絆を越えるネイションへの帰属意識、つまり「ナショナリティ」によってもたらされる、ということである。したがって、この意味で、ナショナリティとは、リベラル・デモクラシーの政治枠組みを安定的かつ持続的に機能させる「動力源」なのである。

4　コミュニタリアニズムはコスモポリタニズムと対立するか

　これまで述べてきた議論からすれば、リベラル・ナショナリストの議論はコスモポリタニズムと対立する議論であるように思われるだろう。もちろんある部分は鋭く対立しているからこそ、「コスモポリタン＝コミュニタリアン論争」が成立するわけである。だが、キムリッカによれば、リベラル・ナショナリズムはコスモポリタニズムを全く拒絶するものだという主張は、誤解を招く。コスモポリタニズムは人権・寛容・文化交流・国際平和協力といった価値を重視するけれども、ナショナリストがこれらの価値を完全に拒否する理由などないからである。

　前章で触れたように、コスモポリタニズムには「道徳的コスモポリタニズム」と「制度的コスモポリタニズム」の立場がある。前者は、自律や平等という道徳的価値を支持し、すべての者がこれらの価値を守るための世界市民として義務を負うという考え方である。後者は、道徳的コスモポリタニズムの中心的な要求を実行するのに適した社会的・政治的・法的制度の構築を志向する考え方であり、なんらかの世界大の統治機構の創出を求めるものである。

　リベラル・ナショナリストの見解は「制度的コスモポリタニズム」とは相いれないが、「道徳的コスモポリタニズム」とは矛盾しない。なぜなら、リベラル・ナショナリズムは全体主義ではないため、個人や集団の基本的な権利や自由、あるいは他の社会を犠牲にしてまでみずからの理念を育むことはできない

し、またリベラルなネイションであるかぎり、他のネイション・社会・民族に対する破壊・抑圧あるいは同化の強制は、当のネイションの利益にならないからである。

　確かにナショナリズムが特定のネイションに特別な関心を示すことは否定できないが、その特別な関心は次の3つの理由から必ずしも排他的なものにはならない。まず、リベラル・ナショナリズムがみずからのネイションに関心をよせるのは、それが他のネイションより優れているとか洗練されているからではない。そのネイションが、構成員のあいだで言語・文化・伝統などといった個々の構成員の多様な人生設計の背景となるものを共有する集団だという事実に訴えかけるものだからである。

　第二に、リベラル・ナショナリズムは、そのネイションが強力な民主主義国家を存続させることができるという自信を鼓舞するが、これは他のネイションよりも価値があるといった類の自己認識に訴えかけるものではなく、むしろ共通の文化に所属し、特定の理想を共有する人びととのあいだに見うけられる強い連帯意識に訴えかけるものだからである。最後に、リベラル・ナショナリズムが政治的主権を求めるのは、他のネイションから孤立するためではなく、他のネイションとの「協調」に参加しようとする意志があるからである。

　したがって、個人がある1つのネイションへ忠誠を誓うことは、世界規模の人類共同体への忠誠心をもたないことを意味しない。むしろコスモポリタニズムが道徳的に要求することは、リベラル・ナショナリズムが政治的主権を求める理論的根拠となっているのである。この意味で、リベラル・ナショナリズムは「道徳的コスモポリタニズム」とは両立しうるのである。

5　リベラル・ナショナリズムの世界秩序構想
——「棲み分け」という理想

　最後に、かかるリベラル・ナショナリズムの議論から、いかなる世界秩序構想が導かれるのかという点に触れておきたい。リベラリズムは、多様な人生観や世界観を有する人びとが同意でき、彼らの共生を可能にする政治社会の構成原理を探求し打ちたてることを課題としてきた。そういう共生の政治枠組みは、単一のコスモポリタン的な枠組みにおいて実現される。従来のリベラルは

そのように考えてきたのだ。

　ところが、リベラル・デモクラシーの政治枠組みは決して単一で無色透明な
ものではなく、それぞれの社会における慣習・伝統などに大いに下支えされた
ものであることが次第に明らかになってきた。このことが正しいとするなら
ば、多様なネイションが独自の文化的属性を基盤にした政治枠組みを構想でき
る条件を整えることによってはじめて、「人と人との共生」は実現されると思
われるのである。

　リベラル・ナショナリストの重要な洞察の1つは次の点にある。リベラル・
デモクラシーの政治枠組みが安定的であるためには、それがナショナリティと
いう、多様な人びとを相違を越えて結びつける連帯意識によって下支えされて
いなければならない、ということだ。確かに自由・平等・民主主義といった価
値は普遍的に重要であるかもしれない。だが、その価値を現実の政治社会の構
成原理に、どのような形で反映させ、落としこみ、実現していくかは、ネイ
ションごとにやり方が異なってしかるべきだろう。

　したがって、リベラル・ナショナリズムの考え方からすれば、単一のリベラ
ル・デモクラシーの枠組みにおいて人びとが暮らす「雑居型」の共生の構想で
はなく、それぞれのナショナルな文化に根ざした、個別的かつ多元的な政治枠
組みがあり、お互いを尊重しながら共存するといういわば「棲み分け型」の構
想が立ち現れてくるはずである。

　一見するとこうした構想は、人びとを分かつ境界線を取り払い、あらゆる人
びとを個人として包摂しようとする「雑居型」よりも排他的であり、あたかも
ナショナルな文化を共有しない人びとを社会から締めだそうとする非常に冷淡
なものとして理解されがちである。だが、それは明らかな誤解である。「棲み
分け型」は単なる排除の構想では全くない。むしろそれはそれぞれのネイショ
ンを、政治的な自決を望み、その決定に責任をもつ主体として尊重し、処遇す
ることから導かれる構想である。したがって、その観点からすれば、各ネイ
ションがさまざまな局面で自決しうるように援助すること（国際援助）を大い
に促すのである。

6 おわりに

啓蒙思想家やその思想的影響を受けたリベラルな理論家の多くは、人びとを分かつ境界線は不当なものなので、取り払われるべきであり、そのほうが道徳的に望ましいと考えた。彼らが理想としたのは、境界線のない世界で多様な人びとが自由に行き来し、混ざりあいながら暮らすことであった。だが、リベラル・ナショナリストからすれば、あらゆる境界線を取り払うことができるし、そうあるべきだというのは理性主義の傲慢である。

境界線（とりわけ国境線）が取り払われ、多様な文化的背景を有する人びとが交じり合いながら対等な立場で共生する。こういう構想は確かに聞こえはよい。だが、ロールズが指摘しているように、「国境線はそれだけ切り離してみれば恣意的であり、かつある程度歴史的状況に依存するように思われるかもしれないが、世界国家が存在しない以上、なんらかの国境線はないわけにはいかない」のである。

コミュニタリアンからすれば、むしろ、リベラリズムの理論家は境界線に囲われていることや「閉鎖性」の意義を看過してきたように思われる。というのも、実のところ、リベラル・デモクラシーの政治枠組みは、人の出入りが制限された一定程度閉じられた社会において、人びとと連帯意識や信頼感そして制度に対する愛着を前提に成立する原理だといえるからだ。

たとえば、法の支配について考えてみよう。こちらが法の遵守というみずからの行動に対する制約を受けいれたところで、他者も同様に制約を受けいれないならば、自分が損するだけである。そうだとすれば、法を遵守する動機は生まれにくい。つまり、法の支配は、自分も他者も同じように法に服するはずだという暗黙の信頼感を前提とする。

また、社会正義についても同様であろう。税金を支払うなどして貧しい人の福利のために尽くそうにも、みずからが困窮した時に助けてくれるかわからないのであれば、そのようにする動機は生じにくい。まがりなりにも同じ社会の仲間であるから助けあわねばならないという感覚が共有されていないところで、社会正義は成り立たないであろう。

このような社会的協働を可能にするエートスは、離脱が不可能で人びとが協力せねばならない閉じた社会においてこそ涵養される。ウォルツァーが指摘しているように、「相互に支えあう用意のある相互支援の政治体制がなければ、自由な諸個人からなる政治体制は存続しえない」のである。そうだとすれば、むしろ社会はある程度「閉鎖的」でなければならないということだ。

　もちろん、リベラル・ナショナリストは排除を正当化したり、閉鎖的であることを過度に称揚するわけではない。ただ、完全に境界線が取り払われた世界においては、リベラル・デモクラシーの政治枠組みはうまく機能しないだろうと主張するのである。

　20世紀を代表するイギリスの政治哲学者であるアイザイア・バーリンは、スティーヴン・ルークスとの対話において、「リベラリズムとは本質的に、長いあいだ同じ土壌で比較的お互いに平和的に暮らしてきた人々が有する信念だと思う」と述べている。リベラリズムとナショナリズムは敵なのではなく、むしろリベラリズムはナショナリズムに支えられることでうまく実現される。そうであれば、多様なナショナルな社会が花開く世界こそ、望ましい多文化共生世界のあり方であるのかもしれない。

○ Further Topics 2　　国際関係論における「多元主義」

　「英国学派」の知的伝統には、「連帯主義」に対して「多元主義」の潮流もあり、その議論はコミュニタリアニズムと極めて親和的である。

　連帯主義がわれわれの共通性に目を向ける議論であるのに対して、多元主義は、われわれの差異に着目する。すなわち、人間の普遍的な特徴を、一人ひとりが異なっていることだと考えるわけである。ゆえに、そのような人びとから構成される社会のまとまりも、文化的・社会的・政治的に異なってしかるべきである。多元主義者は、「国際社会」を構成する主たる要素である「主権国家」の多元性の事実から、「国際社会」を国家が一定の秩序のもとで共存する空間であると捉えるのである。

　「国際社会」を貫く原理は、国家主権の相互尊重、内政不干渉、寛容といったものであり、それらの最低限のルールに従って、国家が多元的に共存する。これはある面では「現実主義」の国際政治観と重なるところもある。現実主義者は、あくまで世界政府が存在しないアナーキーな国際政治空間における諸国家の「生存」を重

視する。それに対して、多元主義者は、ヘドリー・ブルの「アナーキカル・ソサイエティ」という言葉に端的に表れているように、「国際社会」はアナーキーではあるが、それでも諸国家はお互いに争いあうことは好まず、一定の「秩序」のもとで平和的な関係を構築しながら「共存」すると考えるのである。

このような国際社会観は、必ずしも連帯主義者が主張するような普遍的人権などという価値に向かって諸国家がよりまとまっていくようなヴィジョンを描くことはできないという意味での消極的な見方だけにもとづくわけではない。ジェームズ・メイヨールやロバート・ジャクソンは、むしろ人権や民主主義といった普遍的価値を強調することは、形を変えた帝国主義であり、そのような価値を画一的に押しつけることは、かえって国際社会に紛争の火種を持ちこむことになるというのである。

多元主義は、連帯主義的な傾向は望めないという消極的で悲観的な見方にもとづくのではない。むしろ、人間にとっての共同体の倫理的重要性という規範的な主張にもとづいて展開される議論だという点で、「コミュニタリアニズム」の議論と大いに重なるのである。

【文献紹介】

メイヨール、ジェームズ（田所昌幸訳）『世界政治――進歩と限界』（岩波書店、2009年）。

ブザン、バリー（大中真ほか訳）『英国学派入門――国際社会論へのアプローチ』（日本経済評論社、2017年）、特に第6章、第7章。

第3章

グローバルな貧困

1　はじめに

　「格差社会」という言葉が人口に膾炙するようになって久しい。世界のなかで比較的貧富の差が少ないといわれる日本でも、長引くデフレ不況の影響で経済が低迷し、若年層を中心に貧困にあえぐ、いわゆる「負け組」と、資本主義ルールのなかで、もてる能力と資源を駆使し多くの富を獲得した「勝ち組」という階層分離が問題となっている。だが、世界の現状に少し目を向ければ、豊かな者と貧しい者とのあいだにはさらなるとてつもない格差があることがわかる。

　フォーブス誌の2023年版世界長者番付によれば、資産10億ドル以上の億万長者は2640人で、彼らの純資産を合計すると12.2兆ドルにも上る。だが他方で、世界銀行によると、1日2.15ドル以下のいわゆる「貧困線」（poverty line）以下での生活を余儀なくされている人びとが世界には約7億人（世界の人口の約9％）、1日3.65ドル以下の暮らしを強いられている人びとが約20億人（世界の人の約24％）いるとされる。また、そういう貧困層が、特にアジアやアフリカの一部の国々に集中して存在することも明らかになった。さらには、子どもの貧困も深刻であり、世界の子どもの実に6人に1人が極度の貧困状態にあるとされる。

　かつて、国連は『人間開発報告1992』のなかで、こうしたグローバルな所得格差を「シャンパングラス構造」と呼んだ。世界の富の配分は、世界の人口の20％が世界の富の80％を占有するように、極めていびつな形でなされているというわけである。こういう状況が劇的に改善されてきたのかというと、必ずしもそうではない。近年の取り組みで厳しい貧困状態から脱する者が増えてきているとはいえ、新型コロナウイルス（covid-19）のパンデミックや新たな紛争

の勃発などもあり、世界的な貧困の撲滅への道のりは依然として険しい。

　こうした状況にあって、しばしば、厳しい貧困にあえぐ人びとを救うには、先進国の人びとがほんのわずかな富を拠出すればすむ話である、といわれることがある。たとえば、先の『人間開発報告』には、世界の人口の20％が得ている富のうちの２％を移転すれば、深刻な貧困や貧困による死を防ぐことができるとある。

　確かにデータのうえではそうなのかもしれない。そして、われわれには、さまざまな報道をとおして、極度の貧困に苦しむ人びとの暮らし向きについて、見聞きする機会がある。そういう状況で、豊かさを享受している社会に暮らす人びとには貧しい国の人びとを援助する義務があるという点について、あまり異論はないかもしれない。ただし、その義務を自分が引きうけるべきなのかといわれれば、口をつぐんでしまう者も多いのではないだろうか。さらには、貧しい国の人びとを援助する義務とはどのような義務であるのかという点も論争的であろう。

　本書のテーマである「コスモポリタン＝コミュニタリアン論争」は、そのようなラベリングがなされる以前から、こうしたグローバルな貧困や格差を前に、われわれにはいかなる義務があるのかという点をめぐって展開されてきた。「コスモポリタニズム」の理論家たちは、それぞれの観点から、われわれには遠くの貧しい他者に対する正義の義務があるということを論証しようとしてきた。他方で、「コミュニタリアニズム」の理論家は概ね、困窮する他者が存在することは事実であり、彼らに対して人道上のなんらかの義務があることは認めるものの、それは配分的正義にまつわる義務では決してないはずだ、と論じるのである。

　今や「グローバル正義論」の内容は、本章以下で扱うような、移民の受けいれや気候変動にまつわる負担の配分などの多くのテーマを含むようになった。遠くの貧しい他者に対する義務をめぐる議論は、グローバル正義論において研究蓄積が最も分厚く、その議論は実に多岐にわたる。紙幅の都合上、そのすべてを網羅することはできないが、議論はいくつかの論点をめぐって展開されている。そこで次節では、遠くの貧しい他者に対する義務をめぐる議論を整理し、その整理にもとづいて、代表的な論者の主張を概観していこう。

2 グローバル正義の論点

　遠くの貧しい他者に対する義務をめぐる議論は、さまざまに展開されているが、次の相互に関連する3つの論点にもとづいて議論を類型化できる。

　| 論点1：正義の義務か 人道上の義務か |　1つめは、遠くの貧しい他者に対する義務の種類をめぐる議論である。われわれが負う義務は「正義の義務」であると主張する者もいれば、正義の義務ではなく「人道上の義務」であると主張する者もいる。ここで、「正義の義務」とは、平たくいえば、われわれが正義の問題として負う義務のことである。

　たとえば、われわれは一般に、国内社会の文脈において、税金を支払う義務を負う。この義務は、ある意味では強制力をともなう義務である。われわれは一定の税金を支払わなければならず、それを拒否できない。かかる税金は、社会福祉や教育、医療などといった社会制度をつうじた再配分に用いられ、社会全体を正義に適ったものにするために徴収されている。「正義の義務」とは、正義の実現のための強制力をともなう配分的義務である。

　他方で、「人道上の義務」とは、人道的な観点からわれわれに課される道徳的義務である。わかりやすくいえば、寄付やその他の慈善行為を行う義務のことである。「人道上の義務」と「正義の義務」の1つの大きな違いは、「人道上の義務」は強制力をともなわないところにある。「人道上の義務」を説明する際にしばしば引き合いに出される「善きサマリア人のたとえ」のように、善行は自発的になされるものである。

　| 論点2：正義の義務の 「根拠」をめぐって |　遠くの貧しい他者に対する義務は「正義の義務」なのか、それとも「人道上の義務」なのか。このように見解が分かれるのは、「正義の義務」がなぜ生じるのかというその「根拠」をめぐる立場が異なるからである。端的にいって、遠くの貧しい他者に対する義務が「人道上の義務」であるということは、遠くの貧しい他者に対する義務は（配分的な）「正義」の問題ではない、ということを意味するわけだ。

　では、正義の問題はなぜ生じるのだろうか。この点について、アンドレア・サンジョヴァンニは、「関係的アプローチ」（relational approach）と「非関係的

アプローチ」（non-relational approach）という区別を導入する。

「関係的アプローチ」とは、当該の人びとのあいだになんらかの「関係性」が存在する場合に、彼らはお互いに「正義の義務」を負うことになるという考えである。つまり、ごく簡潔にいえば、「正義は人々の距離やつながりにかかわる」という議論である。ただし、「正義の義務」を生じさせる「関係性」がどのようなものであるかは、いくつかの解釈がある。代表的なのは、人びとのあいだの文化的・社会的なつながり（文化的関係性）を重視する議論や、社会制度や社会構造といった制度に媒介されるような関係性（制度的関係性）を重視する議論である。

他方で、「非関係的アプローチ」とは、人びとのあいだになんらかの関係性が存在するか否かにかかわらず、われわれは「正義の義務」を負うという考えである。つまり、「正義に人々の距離やつながりは関係ない」というわけだ。ゆえに、一般に「非関係的アプローチ」を採用する論者は、偶然の産物でしかない文化的アイデンティティの共有や制度の共有などではなく、ただ「人間である」という事実に訴えかけ、それを根拠に、われわれはいかなる他者に対しても「正義の義務」を負うと考えるのである。

論点3：正義の義務の「範囲」をめぐって　正義の義務の「根拠」をめぐる主張は、正義の義務がおよぶ「範囲」をめぐる主張に直結する。「非関係的アプローチ」を取る論者の正義の範囲は、必然的にコスモポリタン的である。彼らは人間性の尊重という観点から、われわれはグローバルな「正義の義務」を負うと主張する。

他方で、「関係的アプローチ」を取る論者の正義の範囲は、コスモポリタン的にも、コミュニタリアン的にもなりうる。われわれはなんらかのグローバルな関係性のもとにあると考える論者からすれば、その関係性ゆえに、われわれにはグローバルな「正義の義務」がある。他方で、「正義の義務」が生じる「関係性」は、グローバルなものではないと考える論者からすれば、「正義の義務」がおよぶ範囲は、より限定的な特定のコミュニティのなかだけである。ゆえに、そのコミュニティの外側に存在する遠くの貧しい他者に対しては、「人道上の義務」しか負わないというのである。

3　グローバル正義の構想

　以上から、グローバルな正義をめぐる議論について、次の3つに類型化できよう。第一に、「非関係的アプローチ」の観点からグローバルな「正義の義務」を擁護する論者の議論である。彼らは「非関係的コスモポリタニズム」の擁護者である。第二に、「関係的アプローチ」からグローバルな「正義の義務」を擁護する論者の議論である。彼らは「関係的コスモポリタニズム」の擁護者である。第三に、「関係的アプローチ」に立つがゆえに、グローバルな「正義の義務」は成り立たないという論者の議論である。彼らは「コミュニタリアン」（ナショナリスト）である。まずは、グローバルな正義の義務を肯定的に論じようとするコスモポリタニズムの理論家について、その代表的な論者の主張を概観していこう。

（1）非関係的コスモポリタニズム

功　利　主　義

ピーター・シンガーの議論は非関係的コスモポリタニズムの典型である。彼は、1970年代初頭に東ベンガル（現在のバングラデシュ）で発生した飢饉を受けて、「飢餓・豊かさ・道徳」という論文を著した。この論文はグローバル正義論がまだそれほど論じられていない状況において発表された、極めて先駆的な業績であり、グローバルな正義論が活発に論じられる嚆矢となった。

　シンガーの主張は一言でいえば、豊かな者には貧しい者を救済する道徳的義務があるというものだ。シンガーは次のような前提から議論を始める。

（a）衣食住が足りていないことや必要な医療を受けられないことによって、苦しんだり、死んだりすることは悪である。

（b）道徳的に重要なものを犠牲にすることなく、悪いことが起こるのを防げるのであれば、道徳的にそう行動すべきである。

　（a）について異論があるものはいないだろう。（b）について、シンガーは次のような例を挙げて説明する。あなたが浅い池のそばを歩いていて、子ども

が溺れているのを見たら、あなたは泳いで子どもを引き揚げなければならない。あなたの衣服はびしょ濡れになるかもしれないが、そんなことはどうでもよい。子どもが溺れ死ぬという最悪の事態を避けることだけが重要なのであり、あなたにそれが可能なのであれば、間違いなくそうすべきなのだ。

シンガーがいうには、仮に（ａ）および（ｂ）が正しいのであれば、われわれには、溺れている子どもを池から救いだす義務があるように、厳しい飢餓や貧困に苦しむ人びとを救済する義務がある。

こういうシンガーの議論は少なくとも次のことを示唆している。第一に、貧困の救済は、何よりもまず個人の道徳的義務だということだ。一般に、貧困の救済は、国家や政府を主体とする対外援助の問題であると考えられがちである。もちろん、個々人で国家レベルの援助ができるわけではなく、各人にできることはほんの微々たるものであるかもしれない。だが、だからといって、各人がなんら道徳的義務を負わないというのは誤りである。われわれは、ニュースなどで、遠くの他者が極度の貧困にあえいでいることを知っている。にもかかわらず彼らを救済するための行動を何も起こさないのは、池に溺れた子どもを目の前にして、素知らぬ顔で通りすぎることと同じなのである。他の人のほうがよりうまく助けることができたかどうかなど関係ない。貧困の救済はまずもってあなた個人に降りかかる義務なのである。

第二に、シンガーによれば、道徳的義務を遂行するうえで、物理的な距離は一切関係ない。上の例でいえば、われわれが救済すべき子どもが、隣人の子であろうと、見知らぬバングラデシュ人の子どもであろうとも、その差は、われわれが負う道徳的義務になんの関係もない。ゆえに、われわれは、近しい知人であろうと、見知らぬ遠くの他者であろうと、彼らが著しく困窮する状態に置かれているとすれば、救済する義務が生じるのである。

シンガーの議論は極めて功利主義的である。第１章で触れたように、功利主義は、各人の相対的な苦痛と快楽を等しく天秤にかけて、何が道徳的に正しいのかを効用計算から導きだす。この場合、一方で、極度の飢餓にあえぐ多くの人びとの苦しみがあり、他方には、先進国の人びとが生活に必要なもの以上の贅沢品を浪費することで生じる幸福がある。したがって、全体的な苦痛を最小化し、幸福を最大化するという観点から、われわれには、生活に必要なもの以

外の贅沢品に向けた消費に使う分のお金を、厳しい貧困の救済のために寄付をする義務がある、というのである。

　シンガーの議論は、貧困の救済を、各人に普遍的に降りかかる道徳的義務であると捉えている点で、明らかにコスモポリタニズム的である。シンガーによれば、先進国の人びとがほんの少しずつの寄付を行えば、多くの人びとを貧困状態から救いだすことができる。ほとんどコストをかけずに、本当に困っている他者の幸福を劇的に増すことができるのであれば、そのようにしない理由は何もないのである。

| 人　権　論 | 厳しい貧困や飢餓は、生存に必要なものが得られないという意味で、物理的な欠乏状態にあることと考えら |

れるが、他方では、そういう状態に置かれているということは、人びとが本来享受できるべき権利が剥奪されていると考えることもできる。つまり、人びとは飢えに苦しまない権利という人間の生存にとって最も基本的な権利が侵害されているのである。したがって、地球上のどこにいる人であっても、こうした基本的人権が満たされないことがないように、制度的な取り決めを構築しようとする議論がある。その代表的論客はヘンリー・シューである。

　シューによれば、人びとには最低限保障されるべき「基本権」（basic rights）があり、それを享受できない状態はあってはならない。シューは「基本権」を次の３つの権利群からなると規定する。第一に「安全に対する権利」である。これは文字通り自己の物理的・身体的な安全にまつわる権利である。誰しも、暴力や拷問、あるいは不当な身体的拘束などから自由でなければ、人としてまともな生活を送れない。また、身の安全が保障されることは、他の権利を行使するためにも必要である。たとえば、信教の自由や表現の自由などの権利は、それを行使しようとすると暴力を加えられたりするのでは、そういう権利を享受できているとはいいがたい。安全に対する権利は、それ自体が重要であるのみならず、それが保障されなければ、他の権利を行使できないという意味でも重要なのである。

　第二に「生存権」である。具体的には、きれいな空気や水、十分な食料、衣服、住居が与えられること、そして基本的な医療を受ける権利である。これらも人間として最低限の生活を送るために不可欠な権利である。これらを享受で

きず、最低限の生存もままならないのならば、その個人は極めて脆弱であり、安全に対する権利が脅かされるのと同様に、まともな生活を送ることは不可能である。

第三に、「自由権」である。これは、他者に危害を加えないかぎりで、みずからの善き生を自由に追求する権利である。具体的には参加の自由と移動の自由である。それなしでは他の権利を享受できないという意味で、いずれも重要な権利である。

シューの議論において重要な点は、「基本権」に「生存権」という社会的・経済的な権利を含めている点である。一般に「基本的人権」は、シューの議論でいえば、「安全に対する権利」および「自由権」を含意するものであり、これらは、他者に対して危害を加えたり、安全を脅かしたりしないという意味での「消極的義務」を喚起するものであった。それに対して「生存権」は、他者の生存のためのニーズを満たすために援助するという意味での「積極的義務」を喚起する。したがって、「安全に対する権利」や「自由権」のほうがより根本的な「基本的人権」であり、生存権のような社会的・経済的な権利は副次的な権利であると見なされてきたのである。

シューは、この「安全に対する権利」および「自由権」対「生存権」というテーゼを、「基本権」対「それ以外の権利」というふうに置きかえて、子どもの権利すべてを「それ以外の権利」を享受するうえで不可欠な「基本権」であるとした。そして、「基本権」は、誰もそれ以下にまで沈むことが許されない閾値を特定する権利であるからこそ、「基本権」を侵害しない「消極的義務」のみならず、基本権を享受できていない人びとに対してそれを保障する「積極的義務」を呼びおこすわけである。シューの言葉でいえば、「基本権」は、それに対応する「回避する義務」、「保護する義務」、「援助する義務」という3つの「相関的義務」を喚起する。そしてシューは、こうした義務を実行して各人の基本権を保障するグローバルな制度枠組みを構築する必要があると主張するのである。

義務論

こういう権利論に対してはしばしば、権利はそれに対応する義務を誰が負うのかを明らかにしないことには意味をなさないのではないか、という手厳しい批判が向けられる。ゆえに、権

利ではなく、義務を基底に据えてグローバルな正義について論じるべきだという者もいる。それが義務論の理論家であり、その代表的な論客はオノラ・オニールである。オニールは、著書『飢えの顔』などにおいて明確に、権利よりも義務に関心を寄せるべきであるとして、イマヌエル・カントの義務論を手がかりに、グローバルな貧困に対してわれわれが負うべき義務を明らかにしようとする。

　カントの義務論にはコスモポリタン的な広がりがある。第1章で触れたように、「定言命法」は、理性的な存在としての人格を「目的」として処遇するものであり、それから導かれる義務は、あらゆる人間にあてはまる普遍的義務だからである。他者を「目的」として処遇するとは、他者がどこにいようとも同様の能力を有すると思われる近くの親しい他者に与えるのと同じ道徳的地位を、割りあてることである。したがって、「定言命法」から導かれる義務が、たとえば国境線や文化的差異を理由に反故にされることなどあってはならないのだ。

　「定言命法」から導かれる個人の道徳的義務は、他者を「目的」として処遇することである。だが、人間は能力に限りがあり、また非常に脆弱な存在でもあるから、さまざまな要因で自律的に行動できないことがありうる。人間が理性的に行動できるには、生存が脅かされない程度の水や食糧が必要であり、さらにはみだりに攻撃されないことなどといった基本的なニーズが満たされている必要がある。飢餓や貧困はそのような条件を失わせる1つの重大な要因であり、飢餓状態にあっては、人間は「定言命法」に従って道徳的に行動することなどできない。それゆえに、他者を「目的」として処遇する義務から、なんらかの要因で自律的に行動できない他者に対して、「自律的に行動する潜在能力や力を失わせるニーズ」を満たすことができるよう援助する義務が生じると考えられる。

　オニールによれば、カントの義務論からは次のような議論が導かれる。すなわち、貧困や窮乏といった不当な苦しみや欠乏によって個人の道徳的行動能力が損なわれている場合には、そうした人びとを支援し、彼らが自律性を発揮するのに不可欠な能力を開花させる義務が不足なき人たちの側に生じるのである。そして、そのような他者のニーズを満たすことを拒絶するような格率は、

当然ながら「普遍化テスト」に耐えられず、道徳的に許容できないのである。

　また、オニールは、グローバルな貧困との関係で、既存の経済秩序によって
もたらされる危害について、そうした制度的危害を是正するグローバルな正義
の義務を導きだそうとする。オニールによれば、既存の国際経済秩序は、明ら
かに制度的な構造を備えており、それは一般に、強制や詐欺を排除するところ
か、そのなかに取りこんでしまうものである。さらには、概して、自律的な生
を営むために必要な才能を尊重し、それを支援・発展させることもできない。
ゆえに、人びとが自律性を大いに発揮できるように、そして、既存の国際経済
秩序が人びとに危害を加え、それによって人びとが自律的な生を営むことがで
きないのならば、正義は既存の制度構造の大幅な変革を求めることになる。オ
ニールは次のように述べている。

　　正義に適った経済システムは、脆弱な行為者の能力を支援するものでなければなら
　　ない。そして、この支援は少なくとも、あらゆる人々が生きるうえで必要なものに対
　　する最低限の権原を保障するものでなければならない（オニール 2016）。

運 の 平 等 主 義　運の平等主義は、ロナルド・ドゥオーキンやリチャー
ド・アーネソンといった政治哲学者によって提唱され
た、正義論や平等論における非常における有力な理論的潮流の1つである。運
の平等主義の中核には、公平に配分されるべきもの（しばしば「正義の通貨」と
呼ばれる）が何であろうと、当人に責任がないかぎり、その分け前は平等であ
るべきだ、という考え方がある。

　運の平等論者は、個人が行ったこと（選択）と個人に降りかかったもの（運）
を峻別し、個人の選択によらない不平等は、正義の問題として是正されるべき
だと考える。つまり、生まれながらの地位や帰属、あるいは先天的な障碍や不
慮の事故などといった道徳的に恣意的な要素にもとづいて、自分が受けとる
「正義の通貨」が左右されることなどあってはならない、というわけである。
こういう主張は、ジョン・ロールズの議論にも垣間見える。ロールズを運の平
等主義者だというと語弊があるが、それでも彼は間違いなく道徳的に恣意的な
要素によって生じる配分の格差は不正であると考えていた。

　運の平等主義は、コク＝チョル・タンら一部の論者の議論を除いて、グロー

バル正義論として明示的に語られることはあまりない。だが、それがグローバルな射程をもつことは明らかである。「正義の通貨」の分け前が生まれによって左右されるべきではないというのならば、どの国に生まれるのかというのは運以外の何物でもないからである。

実際に、富裕国に生まれれば、多くの機会に恵まれ、それなりに教育を受け、ある程度の天寿を全うして穏やかな一生を送ることができる可能性が高い。他方で、貧困国に生まれれば、医療や教育の機会に恵まれず、幼くして命を落とすかもしれないし、経済的に困窮する生活を送らざるをえないかもしれない。しかも、そういう社会の平均寿命は往々にして短い。豊かな社会に生まれるか、貧しい社会に生まれるかは、全くの運であるにもかかわらず、その運の良し悪しで、人生の行く末が大きく左右される。ゆえに、「生まれ」という運／不運によって生じる格差は正義の問題として是正されるべきであり、そのことに、人びとのあいだの距離や関係性などは一切関係ないのである。

運の平等主義は、後の章で見るように、移民の受けいれ（第5章）や健康格差の是正（第8章）といった議論にも応用される、非常に強力な議論である。

| 公正な機会均等 | サイモン・ケイニーは、「運の平等主義」とロールズのいう「公正な機会均等」の議論を掛けあわせること |

で、グローバルな正義の義務を導出しようとする。先述のように、運の平等主義とは、自分に責任のない事柄によって、不利な処遇を受けたりすることがあってはならないというものであるが、「公正な機会均等」は、それをとりわけ諸種の機会は人びとに均等に開かれているべきだという観点から理解する。ロールズの議論については、次項で少し立ちいっているのだが、彼のいう「公正な機会均等」とは、次のような考え方である。

> 大まかにいって、やってみようという才能と意欲が同じであれば、市民は階級や出自に関係なく、みずからが望む社会的地位を獲得するための同等の機会を与えられてしかるべきである（ロールズ 2022）。

こういうロールズの主張について、大半の人びとは直観的に正しいし、社会はそうあるべきだと考えるだろう。そうであれば、ケイニーからすれば、それは国内社会に限定される話ではない。階級や家柄や性別などという恣意的な要

素によって、人びとがアクセスできる機会が増えたり減ったりするのはおかしいと考えるのなら、○○人であるとか△△人であるという国籍やナショナル・アイデンティティによって、機会に恵まれていたり、恵まれていなかったりすることにも異議を唱えるべきだ。運の平等主義のところでも指摘したように、富裕国に生まれた者と貧困国に生まれた者が享受できる機会に著しい格差があるという状況は、不正以外の何物でもないのだ。

　こういう機会均等が重要な理由は、先に触れたような「基本権」が享受できていたとしても、それでもなお、特定の人びとが不利な状況に置かれるということが考えられるからである。ケイニーにいわせれば、ある社会では、すべての人の基本的な衣食住などにまつわる生存権が保障されているけれども、特定の人種や階層の人びとが、他の人種や階層の人びとよりも実に多くの機会を享受できるとすれば、そういう社会は、リベラルで人道的なアパルトヘイト政策を行っているようなものだ。これをもう少しグローバルな規模でみれば、たとえ世界のあらゆる人びとの基本権が保障されていようとも、国籍やナショナル・アイデンティティによって、得られる地位に差があるような世界は不正であろう。ゆえに、機会の均等は、基本権の保障以上に優先されるべき、より基底的な原理だと考えられる、というわけだ。

　ケイニーによれば、国内における公正な機会均等を擁護する根拠は、そのままグローバルな公正な機会均等を求める根拠にもなる。あらゆる国家に所属する人びとが均等な機会を享受できるべきであり、国籍やナショナル・アイデンティティを理由に、機会を失ったり、奪われたりすることがあってはならないのである。こうしたグローバルな公正な機会均等は、グローバル正義を下支えする1つの重要な原理なのである。

（2）関係的コスモポリタニズム

ロールズ主義　ロールズの『正義論』は実に多様な示唆に富む議論を含んでいる。ゆえに、「非関係的なコスモポリタニズム」の理論家が、ロールズの議論のある部分を下敷きにして論じているように、「関係的コスモポリタニズム」の理論家も、ロールズの議論を発展させることで、グローバルな正義論を展開する。その代表的論客が『国際秩序と正

義』を著したチャールズ・ベイツである。端的にいって、ベイツは、ロールズが『正義論』において導きだした「正義の二原理」の導出方法は、そのままグローバルな正義論に応用できると考えたのである。

　ここでロールズの「正義論」に若干触れておこう。まず、ロールズによれば、正義とは「社会制度の第一の徳目」であり、社会制度は何よりもまず正義に適っていなければならない。つまり、正義の原理とは正義を実践する社会制度のあり方を規制する原理のことである。だとすれば、正義の原理は当の社会制度のもとで暮らす人びとに適用される原理だという意味で、ロールズは「関係的アプローチ」を支持しているとみなすことができる。

　第1章でも少し言及したように、ロールズは、そういう人びとみなが同意できる正義の原理はどのようなものであるのかを考えるために、ある思考実験を行う。人びとは「原初状態」(original position) にいるものと仮定するのである。「原初状態」とは、誰もが自分の属性、社会的地位、能力、経済力などといった自分の置かれた個別特殊的な状況を全く知らない状態のことである。「原初状態」では、人びとは「無知のヴェール」(veil of ignorance) を被っている。そうすることで、誰しもが所与の偏見を捨て去ったただ1人の「個人」として存在する状態を作りだすことができる。この状態で選択される正義の原理こそ、誰もが同意できる最も公正な原理である。そして、ロールズによれば、人びとは次のような「正義の二原理」に同意すると考えられる（ロールズ2010）。

　第一原理：各人には平等な基本的自由が与えられるべきだ（自由原理）。
　第二原理：社会的・経済的な不平等は次の条件で認められるべきだ。
　　(a)　最も恵まれていない人が最も恩恵を受けられる場合（格差原理）
　　(b)　経済的に恵まれた地位に就く機会が各人に保障されている場合（機会均等原理）

　ロールズはこのような方法でみなが合意すると考えられる正義の原理を導出した。ベイツからすれば、このようなロールズの方法は、世界規模にまで拡大できる。なぜなら、とりわけ経済的な意味で、人びとは今やグローバルな相互依存関係のもとにあるのであり、そうすると正義の「範囲」は国内社会に限定されないからである。

さらに、ロールズが想定した「原初状態」も国内社会でのことに限定されない。「無知のヴェール」を被った人びとは、自分がどの社会の一員であるのかを知らないはずだからである。そうであれば、「グローバルな原初状態」を想定したとしても、正義の原理に特に変更はないはずであり、むしろ人びとがグローバルな規模で、最も恵まれない人の利益を極大化するような正義の原理に合意するものと考えられる。ベイツは次のように論じている。

　　今や世界は自己完結的な国家から成り立っているわけではない。国家は複雑な国際
　経済・政治・文化関係に参加しており、ゆえに、社会的協働がグローバルな規模で成
　立していることがわかるだろう……社会的協働が配分的正義の基盤にあるのだとすれ
　ば、国際的な経済的相互依存によって、国内社会で適用されるものと同様のグローバ
　ルな配分的正義の原理が支持されることになるだろう（ベイツ　1989）。

**グローバルな
経済的関係性**　ダレル・メーレンドルフは、著書『コスモポリタンな正義』において、ロールズ＝ベイツ流の議論をさらに発展させようとする。まず、メーレンドルフは、個人の「道徳的義務」と「正義の義務」を峻別する。彼によれば、個人の道徳的義務とは、家族や同胞に対する義務のように、特別な義務を含む。こういう道徳的義務と正義の義務を峻別することで、出自や属性にかかわらずあらゆる人を個人として尊重するコスモポリタニズムの理念と「正義の義務」を結びつけて論じることができる、というのだ。ここでメーレンドルフは「社会制度」に着目する。なぜなら正義の義務は制度によって媒介されることで、公平に実現されるからである。ゆえに、正義の義務とは制度的義務である。

では、グローバルな正義の義務を実現するうえで不可欠な「制度」とは何であろうか。メーレンドルフによれば、それに相当するものは、グローバルな経済秩序の深化であるという。グローバル経済が台頭し、貿易や商業の国境を越えるネットワークが形成されている。重要なのは、われわれはその経済的ネットワークに好むと好まざるにかかわらず、いやおうなしに巻きこまれており、あらゆる個人がその影響のもとにある。だからこそ、正義の義務は同胞や家族など特別な関係性にある者だけでなく、世界中の人びとがみなお互いに負うのである。つまり、われわれは、企業や社会集団の一員であり、国民国家の一員

でもあるかもしれないが、グローバルな経済的関係性の一員でもあるからこそ、グローバルな「正義の義務」を負う、というわけだ。

メーレンドルフは、こういう理解をもとに、ベイツと同様に、ロールズが国内社会に目を向けながら提示した「正義の原理」を、グローバルな規模に拡大したグローバルな正義の原理を導きだそうとするのである。

制度的危害の是正 トマス・ポッゲは著書『なぜ遠くの貧しい人への義務があるのか』において、メーレンドルフやベイツと同じように、グローバルな経済的相互依存の深化により、人びとはいまや世界規模の経済的な制度枠組みのもとにあることを重視する。ただし、ポッゲの議論は、そういう関係性のもとにあるから他者に対して義務が生じるという主張に留まらない。

ポッゲの議論は多岐にわたるが、第一の重要な点は、そういうグローバルな経済的関係性のなかで、先進国と途上国が決して対等なわけではなく、途上国は常に不利な状況に置かれているばかりか、危害を被っているという指摘である。ポッゲは次のように論じる。

　富裕国の市民や政府は、意図的であろうとなかろうと、深刻かつ広範な貧困を、予見可能かつ回避可能でありながら再生産するグローバルな制度的秩序を押しつけている。不遇な者たちは単に貧しく飢えているのではない。われわれの共通の制度的配置のもとで貧しくさせられ、飢えさせられているのだ。こういう制度的境遇が不可避的に彼らの人生を形成しているのである（ポッゲ 2010［傍点は筆者]）。

世界経済の制度的枠組みは、たとえば世界銀行、国際通貨基金（IMF）、世界貿易機関（WTO）などといった国際組織によって形成され統御されている。だが、それに途上国の政府や人びとがどれほどの影響力を行使できるだろうか。先進国の政府は、こういう組織のなかで高い交渉力や資金力をもつために、結果的に自分たちにとって極めて有利な取り決めを交わすことができる。その結果、たとえば富裕国は、自国の農産物を他国に大量に輸出する一方で、自国産業の保護という名のもとに、農家に多額の補助金を支払うと同時に、貧困国の農産物の輸入に高い関税を課すことが許される。こういう制度的な枠組みのもとでは、途上国は不利な立場に置かれつづけ、そこから貧困から脱却す

るのは極めてむずかしいだろう。

　だとすると、第二に、次のようにもいえる。途上国が貧しいのは当の途上国の責任だといった議論をしばしば目にするが、そういう議論は成り立たないのである。詳細は以下の「コミュニタリアニズム」の議論のところで触れているが、グローバルな正義の義務を否定する論者のなかには、ネイションの自決を尊重する立場から、途上国が現在の経済状況に甘んじているのは、人びとがそういう選択を行ってきたからであり、その選択の責任は自分たちで引きうけなければならないと主張する者もいる。ポッゲはこういう議論を「弁明的ナショナリズム」と呼んで一蹴する。ポッゲにいわせれば、途上国の人びとは、先進国にとって有利な経済的な制度枠組みを押しつけられた被害者なのである。先の引用にもあるように、まずもって、途上国の人びとは飢えているのではなく、飢えさせられている、ということを認識すべきだというわけだ。

　こういう議論から、ポッゲはわれわれにいかなるグローバルな正義の義務があるというのだろうか。まず、グローバルな正義の義務はわれわれ一人ひとりに降りかかる。なぜなら、食料や水や衣服を買ったりなどという何気ない日々の消費行動ですら、グローバルな経済的制度枠組みの影響を免れていないからである。たとえば、シャツを１枚買うとき、それは途上国の人びとが劣悪な条件で働かされている工場で作られたものかもしれない。誰しも、意図的に途上国の人びとを貧しくしようなどと思って行動しないだろう。だが、そのシャツを買うということは、グローバルな経済的制度枠組みのもとで利益を得ることであり、そういう制度の片棒を担いでいることになるわけである。

　そうだとすれば、まずもってわれわれが負うべき義務は、途上国の人びとを積極的に援助する義務ではなく、途上国の人びとに危害を与えないようにする「消極的義務」である。ポッゲの議論の下敷きにあるのは、一般に「危害原理」（harm principle）と呼ばれる考え方である。それは、簡単にいえば、われわれは他者の自由を侵害してまでみずからの幸福や利益を追求してもよいわけではないという議論である。これは自由社会において人びとがもつべき最低限の義務の１つである。要するにポッゲからすれば、現代世界はこういう他者に対する最低限の義務も果たされていないというわけである。

　したがって、ポッゲによれば、われわれは、グローバルな正義の義務とし

て、途上国の人びとに危害を加えるグローバルな経済的制度枠組みを改変する義務を負う。たとえば、先進国は農家への補助金の支給を中止したり、WTO内で自国に有利になるように立ち回るのではなく、より公正な貿易の発展に努めなければならない。あるいはフェアトレードなどを推進し、途上国の貧しい人びとが深刻な影響を被らないような行動様式を人びとが取るように促さなければならない。これは、先進国から途上国への資源の再分配を行う以前になされるべきことであり、先進国の政府や市民がこういうグローバルな正義の義務を果たすことで、途上国の状況をずいぶん改善することができるかもしれないのである。

4　コミュニタリアニズムの見解

　これまで論じてきたように、「非関係的コスモポリタニズム」の理論家は、正義の根拠はただ人間であるという事実に求められるとして、各人を平等に尊重するという観点から、グローバルな正義の義務を擁護しようとする。他方で、「関係的コスモポリタニズム」の理論家は、正義は人びとがなんらかの「関係性」のもとになければ存在しえないとし、人びとのあいだにグローバルな規模での「関係性」が見いだされることを根拠に、グローバルな正義の義務が存在するという。

　「コミュニタリアニズム」の理論家は、「関係的アプローチ」の立場に立ちつつ、人びとのあいだにグローバルな「関係性」を見いだしえないので、グローバルな正義の義務というのはありえないと主張する。ここで、「関係的アプローチ」の支持者のいう「関係性」にはいくつか種類があるという点を思いおこそう。以下では、制度的関係性に着目する論者としてトマス・ネーゲルを、文化的関係性に着目する論者としてデイヴィッド・ミラーを取りあげ、それぞれ概観しよう。そして最後に、ロールズの議論に触れたい。ロールズの議論は多くのコスモポリタンの議論の起点となってきたにもかかわらず、当のロールズ自身は、コスモポリタニズムに冷淡なのである。

世界政府の不在　ネーゲルは、グローバルな正義の義務は当座のところ成り立たないと強く主張する代表的な論者である。正

義の原理は人びとが共同で担う強制をともなう制度的関係性のもとに適用されるのであり、そうであれば、地球規模でそのような制度は存在しないからである。いいかえれば、国内社会における国家的枠組みに相当するようなもの、つまり世界政府のようなものが存在しないために、グローバルな正義の義務は成り立たないというわけだ。

　ネーゲルによれば、正義の義務は、人びとが強制をともなう政治的制度を媒介とする関係性にある場合に、意味をもつ。人びとは強制をともなう政治的制度をとおして、自分たちの行く末を決定し、それは各人の利益や人生の機会に影響するからである。これは市民同士の関係にはあてはまるが、市民と市民でない者との関係にはあてはまらない。ゆえに、市民同士の関係性は特別なのだ。

　次のような例を考えよう。Aは裕福な日本人であり、世界的な大企業に勤めている。Bは貧しい日本人であり、その日暮らしである。Cは貧しいシエラレオネ人であり、オフィスの清掃などをして暮らしているが、Bよりも収入はかなり少ない。このとき、AとBが日本の国家的な政治制度を共有していることは決定的に重要である。AはBが貧しい状況に置かれていることの責任を直接的に負うわけではないが、共通の制度を担う者としての集団的責任を負う。ロールズのいうように、国家の制度は正義に適っていなければならず、その不平等は是正されなければならないからである。正義の義務はこういう「関係性」において生じる。

　だが、AはCの貧困に対して正義にまつわる責任を負わない。AとCとのあいだに著しい不平等があるとしても、それは日本政府によって作りだされたものではないからだ。確かにこうした不平等はグローバル市場によって、あるいはグローバルな経済体制によって生じたかもしれない。だが、AとCは強制をともなう政治制度を共有していない。ゆえに、AとCとのあいだに著しい不平等が存在することは望ましくないだろうが、正義の問題として是正されるべきものではないのである。

　要するにネーゲルからすれば、グローバルな正義の義務が成り立つには、それに対応するグローバルな規模の強制をともなう制度枠組みが必要である。だが、当座のところそういう制度は存在しないので、グローバルな配分的正義については、否定せざるをえないというのである。ネーゲルいわく、世界政府な

きグローバルな正義という観念は「キメラ」にすぎないのだ。

| 正義の構想の |
| 文化的多元性 |

ネーゲルが強制をともなう制度的な関係性に着目するとすれば、ミラーは人びとの文化的な関係性に着目する。前章でも触れたように、リベラル・ナショナリストは、人びとのあいだに文化や伝統の共有にもとづく強い共属意識がなければ「正義の義務」はうまく実現できない、と考えるからだ。端的にいえば、こうした仲間意識や連帯感はナショナリティの共有によってもたらされる。ミラーは次のように指摘する。

> 社会正義の枠組み、とくに、市場での取引を通じて自活できない者に対する再分配を含む枠組みを各個人が支持する条件について考えるとき、信頼は特別な重要性を帯びるようになる。この意味での福祉国家を目指し、同時に民主的な正当性をも保持しようとする国家は、その成員がそうした正義の義務をお互いに承認しあっている共同体に基礎を置いていなければならない（ミラー 2007）。

ミラーによれば、こうした信頼関係はナショナリティを共有する者とのあいだ以外には成り立ちにくい。ナショナリティを共有する集団、つまりネイションとは、「公共文化」（public culture）を共有する集団である。「公共文化」とは「ある人間集団がどのようにして共に生活を営んでいくかに関する一連の理解」である。いわば社会正義の構想を模索していくうえでの手がかりであり、なかば無意識に人びとが共有している感覚や社会的意味・経験の集合である。これを共有していることが一因となって、同じネイションに所属する人びととはお互いを文化的に同質な仲間であると認識し、生活の多様な場面で継続的に協力しあい、社会を共同で作っていこうと考えるのである。

また、社会正義の構想は「公共文化」を手がかりにして練りあげられるのだとすれば、共有する公共文化が異なれば、負うべき正義の義務の解釈も異なる。したがって、当然ながら社会正義の構想のあり方は、基本的にネイションごとに異なっていてしかるべきだ。ミラーは、すべての個人に普遍的かつ公平に妥当するグローバルな正義の義務があるという考え方を否定する。むしろ、正義の構想は個別の共同体、つまりネイションごとに固有であり、それぞれの共同体がみずからの公共文化に根ざした正義の構想を花開かせることを理想として、正義の構想の多元性を支持するのである。ミラーは以下のように論じ

る。

　社会正義とグローバル正義は別々の構想であり、グローバル正義を正しく理解する
には、同時に異なるナショナルな共同体に所属している世界中の人々のあいだの関係
性の本質に注意を払う必要がある。しかしながら、このように述べることで、私はグ
ローバルな正義という考えを全否定しているのではない。それどころか、とりわけ豊
かな国は、国境線の外側の人びとの人権を保護するために介入することや、あるい
は、経済活動における公正さの観点から交渉上の利益のうちのいくぶんかをあきらめ
ること、などという極めて要求の高いグローバルな正義の義務を負う可能性があるの
だ（Miller 2009）。

諸　人　民　の　法　　最後にロールズの見解に触れないわけにはいかない。
『正義論』において、ロールズは必ずしもグローバル
正義論を積極的に展開したわけではなく、あくまでその理論の射程は国内社会
であった。けれども、既述のとおり、ロールズの議論は、関係的であれ、非関
係的であれ、コスモポリタニズムの論者に大いに影響を与え、彼らはロールズ
の議論のグローバル正義論への含意を示そうとしてきたのである。だが興味深
いことに、当のロールズ自身はグローバルな配分的正義の構想を示すことに否
定的であった。

　その１つの大きな理由は、『正義論』に対するコミュニタリアンからの批判
を受けて、ロールズが正義の原理についての考え方を修正した点に求められ
る。端的にいえば、ロールズは次第に、文化的な多元性を考慮すべきだという
コミュニタリアンの批判を受けいれ、正義の原理はどの社会においても普遍的
に妥当する「包括的な道徳的教説」ではなく、各社会において個別に見いださ
れる「政治的構想」であると考えるようになった。つまり、各社会の望ましい
あり方は多分にその社会の文化や伝統の影響を受けることを認め、そういう社
会に対する寛容を説くようになったのである。

　ロールズは最晩年の著作『万民の法』において、リベラルな社会以外に、社
会をいくつかの種類に類型化する。まず、自国民の人権を無視し、対外的に侵
略を繰り返すような「無法国家」である。彼によれば、こういう社会にまで寛
容である必要はない。むしろ「無法国家」のなかで圧政に苦しむ人びとの人権
を保護するために介入する義務があると論じる。

また、「重荷を背負った社会」、つまり、過去の植民地支配や資源が著しく乏しいなどの理由でまともな国家運営が不可能な社会に対しては、援助義務がある。さらには、「品位ある階層社会」も存在する。それは、必ずしもリベラルではないが、自国民の最低限の人権が保障され、支配者が被支配者に対してそれなりの責任を果たしている社会である。こういう社会に対しては寛容であるべきであり、リベラル・デモクラシーの理念を押しつけることなどあってはならない、というのである。

　ロールズからすれば、普遍的なグローバルな「正義の義務」が存在するとか、グローバルな配分的正義の原理を導くことができるという考え方は、必ずしもリベラルではない社会に対する寛容と両立できない。したがって、重要なのは普遍的な配分的正義の原理を求めることではなく、諸社会の「共存」のための原理を導きだすことである。

　そこでロールズは、基本的人権の保障を核とした8つの要件を「諸人民の法」（laws of peoples）として以下のように論じた（ロールズ　2022）。

　1）各人民は自由かつ独立であり、その自由と独立を他の人民も尊重すべきである。
　2）各人民は条約や協定を遵守しなければならない。
　3）各人民は平等であり、拘束力のある取り決めの当事者となる。
　4）各人民は不介入の義務を遵守すべきである。
　5）各人民は自衛権を有するが、自衛以外の理由のために戦争を開始するいかなる権利ももたない。
　6）各人民は、諸々の人権を尊重すべきである。
　7）各人民は、戦争の遂行について、一定の制限を遵守すべきである。
　8）各人民は、正義に適った、または品位ある政治・社会体制を営むことができないほどの不利な条件のもとに暮らす他の人民に対して、援助の手を差しのべる義務を負う。

　ロールズは、配分的な「正義の義務」をグローバルな規模で導くことに否定的である。ロールズからすれば、そのような「正義の義務」の実行を通じて資源を再分配し、諸社会間の不平等を解消していくやり方は、各社会の自助努力に対する責任をないがしろにするものだ。なぜならロールズは、ある社会が現在豊かであるか、それとも貧しいかには、「内的」な要因があるだろうと考えるからである。つまり、当該社会の現在の経済状況は、どういう社会になりた

いかという人びとの選択次第であるところも多分にある、というわけだ。ゆえにロールズは、自分たちが思い通りに選択することすらままならないような「重荷」を抱えた社会を援助する義務はあっても、社会間の不平等を解消するグローバルな「正義の義務」があるわけではない、というのである。

5　コミュニタリアンはグローバル正義を否定するのか

　このようにみると、コミュニタリアンは、他国の貧しい他者に対して少々冷たいように思われるかもしれない。だが、必ずしもそうではない。コミュニタリアンは、グローバルな正義を、正義の義務として語ることはできないと主張するのであって、他国の貧しい他者に対するあらゆる義務を否定するわけではない。

　先に見たように、ロールズは重荷を背負った社会に対する援助義務を積極的に認めている。また、ネーゲルも、国内の貧しい人びととのあいだの不平等を懸念するのは当然ではあるが、世界には絶対的貧困に苦しむ人びとが数多く存在するのもまた事実であり、彼らの状況を改善する義務が富裕国の人びとに全くないなどと論じるわけではない。ただし、その義務は、人道上の義務であり、正義の義務のように厳格で強制力のあるものにはならない。ゆえに、富裕国が貧しい他国への援助を怠っているからといって、その国家が不正な行為をしているわけではないのである。ミラーはこの点について、ジョエル・ファインバーグの「比較適合的な正義の原理」と「比較不適合な正義の原理」の区別に依拠して、もう少し立ちいった説明をする。

　「比較適合的な正義の原理」とは、ある社会において、たとえば、教員の給料が銀行員よりも安いのは不正なのではないかというように、他の人びとの状況がどうであるかをみずからと比較することによって評価できる原理のことである。逆に「比較不適合な正義の原理」とは、他の人びとかどうであるかにかかわりなく、その状態が正義に適っている、あるいは不正であるといいうる原理のことである。たとえば、盗みを働いた人をそれだけの理由で死刑に処すのは、他の者の処遇いかんにかかわらず不正だ、というような議論である。

　ミラーによれば、平等の原理は「比較適合的な正義の原理」であり、人権の

原理は「比較不適合な正義の原理」にかかわる。なぜなら、自分が平等に利益を享受すべきだという要求が公正なものであるかどうかは、他の構成員が享受する利益と比較しなければわからないからだ。逆に人権の原理は、他者がどのような権利を享受しているか否かにかかわらず、誰もが受けるに値する処遇の形態を特定するものだからである。

そうであれば、A国のなかで教員の給料が銀行員よりも安いのは不正だとは主張できても、A国の教員の給料がB国の教員の給料より安いことが不正であるかどうかは、A国とB国にはそれぞれ個別の平等の原理があるために、簡単にはいえない。他方で、「比較不適合な正義の原理」はナショナルな共同体の境界線を越えて機能しうるのである。

このように人権といった最低限の基本的権利を「比較不適合な正義の原理」としてグローバルな正義の原理の基盤に据えようとするコスモポリタン的な企てならば、ミラーはそれを「弱いコスモポリタニズム」として支持する。ミラーによれば、ナショナリストであっても、表現や結社の基本的自由を保護できない、あるいは適切な食料・教育・医療を提供できない社会について考慮し、政治文化的境界にかかわりなく、そういう社会を援助する義務を負うと考えるべきだ。ミラーは次のように自説をまとめている。

　私はこれまで、世界の貧者に対するわれわれの責任は原理的にわれわれの同胞市民に対する責任と全く同じである、というコスモポリタンの見解に反対してきた。われわれは社会正義の事柄として同国人に対して負っているものすべてを世界の貧者に対して負っているのではない。……よって諸社会の不平等が完全になくなるような仕方でグローバルな秩序を変えるようには要求されていないのである。私は他方で、正義の事柄として、あらゆる人間にあるべきグローバルなミニマムという理念を擁護してきた。このミニマムは一連の基本的人権として理解するのが最善である。現在のところ、多くの社会がこうした諸権利をその構成員に保障できていないため、それらを保障する責任は部外者にふりかかることもあるように思われる（ミラー　2011）。

6　おわりに

本章では、グローバルな貧困に規範的な観点からどのように対応すべきかに

ついて、実に多様な考え方が提唱され、多くの論争が交わされていることを確認した。ここでは、正義の義務は、人びとの関係性から生じるという「関係的アプローチ」と、それを否定して人間であるということそのものから生じるという「非関係的アプローチ」という2つの考え方にもとづいて、各論者の議論を「非関係的コスモポリタニズム」、「関係的コスモポリタニズム」、「コミュニタリアニズム」という3つの枠組みで整理して、概観してきた。

議論は多岐にわたっているが、どの論者の主張にもそれなりに納得できる部分はあるだろう。そして、誰しもが、途上国がこのまま貧困状態に置かれておいてよいなどと考えているわけではない。貧しい状況に置かれている人びとの境遇をどのように改善すべきか、各論者は思考をめぐらせているのである。

ただやはり、限られた資源をどのように配分すべきかという文脈で、「遠くの」貧しい他者と「近くの」貧しい他者のどちらを優先すべきかという点は、避けてはとおれない問題であろう。我が国の政府の対応についても、海外には金をバラまくけれども、国内の自然災害などの救済には金を出し渋るどころか、税金を搾りとることしか考えていないではないか、という批判がしばしばなされる。要は「遠く」よりもまず「近く」に目を向けるべきだということである。経済状況が芳しくないなかでは、なおのことそういう批判が出るのはもっともだと思われる。けれどもだからといって、そのことが「遠くの」貧しい他者に対して手を差し伸べなくともよい免罪符になるのかといえば、そういうわけでもなかろう。

われわれは誰に対してどのような義務を負うべきなのか。その義務に優先順位はあるのか。こういった点について、われわれ一人ひとりがよりいっそう深く考え、誰もが貧困という苦境にあえぐことなく、自分が善いと思う生き方を探求できる世界を目指していかねばならないのである。

○ Further Topics 3　　天然資源の公正な配分

天然資源の平等な配分は、グローバル正義の主たるテーマの1つでありつづけてきた。天然資源は地球上に地理的に均等に存在するわけではなく、しかもその埋蔵量には限りがある。こういう状況で、一般に考えられているように、領域国家に分

かれた世界では、特定の国家がその領土内の資源を自由にわが物とすることが許されるのだろうか。この点については、それなりに議論の蓄積があり。以下では、代表的なものをかいつまんで紹介しよう。

　比較的初期の段階からグローバルな正義の文脈で天然資源の平等な配分を取りあげてきた論者は、天然資源の分布は道徳的に恣意的であるため、その配分は平等になされなければならないと論じられてきた。たとえば、ヒレル・スタイナーは、世界の天然資源の総量から１人あたりの割りあてを求め、ある国家にはその国民に割りあてられる以上の天然資源が実際に存在するとすれば、過剰に保有している分を、他の持ち分が少ない国家に移転すべきだと主張する。

　あるいは、チャールズ・ベイツは、各国は、すべての国家が少なくとも公正な政治制度とその成員の基本的なニーズを満たすことのできる経済を発展させる公正な機会を確保できるような天然資源の配分の原則を受け入れるべきだと主張する。

　天然資源の分布は道徳的に恣意的であるがゆえに、それは地球に住む者の「共同所有物」であるとも考えられる。この観点から、マティアス・リーセは、地球上の天然資源は、管轄や所有という意味では、人類全体のものであるが、そこから得られる利益は、その使用者のものだといえる、と主張する。リーゼによれば、こういう主張は、天然資源は全人類の共有財産であるという直観と、労働を投下することによって資源を獲得し活用した者は、そこから得られる対価の正当な権原を有するという直観の両方に適うものである。

　また、トマス・ポッゲは、天然資源は人類の共有財であるという認識に立ちながらも、所有権そのものではなく、その利用から得られる利益に着目する。そして、ある国家が自国の天然資源を利用する場合には、そこから得られた利益について、一定の「配当」を支払うことを義務づける。そうすることで、特定の国家がたまたま自国に存在するという理由だけで、その資源から得られる利益を独占しないような仕組みを整えるべきだというわけである。

　こういうコスモポリタン的な議論に対して、コミュニタリアンは、天然資源が埋まっている領土は特定の国家の歴史や文化と密接にかかわっており、その分布が単に道徳的に恣意的であるからという理由で、その国家が自由に扱ってよいものではないという議論は受けいれられないという。このように、デイヴィッド・ミラーやマーガレット・ムーアといったリベラル・ナショナリストは、領土権の延長線上にあるものとして天然資源に対する権利を捉え、当初は恣意的であるとはいっても、長年かけて蓄積されてきた当該領土および資源とその人びととの関係から、天然資源に対する排他的な権利はある程度正当化可能であると論じる。

　ただし、だからといって、ミラーやムーアは、自国の天然資源を一方的に使い果たす権利があるなどと主張するわけではない。その権利は、他のあらゆる人びとの「基本的ニーズ」や「生存権」という「十分主義」的な要求を満たすかぎりで正当

化されるというのだ。けれども、クリス・アームストロングによれば、その条件が人びとの「基本的ニーズ」や「生存権」という「十分主義」的な要求に留まらねばならない根拠はない。それゆえ、アームストロングは、各国の天然資源に対する権利を否定するわけでないが、より「平等主義」的な観点から、その権利の付与にあたって、ミラーやムーア以上に強い制約を課そうとする。

　以上、ざっと概観しただけでも、議論はかなり複雑な様相を呈している。だが、天然資源とはどのような財であり、有限な資源を誰が利用できる権利を有するのかといった点は、気候変動への対処と特に途上国の開発する権利との両立や、将来世代に対する責任などを考察するうえで、決して無視できない論点なのである。

【文献案内】

スタイナー、ヒレル（浅野幸治訳）『権利論——レフト・リバタリアニズム宣言』（新教出版社、2016年）。

Moore, Margaret. *Who Should Own Natural Resources?* Oxford: Polity Press, 2019.

第4章 ――

人　権

1　はじめに

　人権とは、文字通り、人間（個人）が有する権利である。「人権は保護され
なければならない」という一般的なテーゼに真っ向から反論し、人権の重要性
を否定する者はおそらくいないだろう。1948年に「世界人権宣言」が採択され
て以降、1966年にはいわゆる「国際人権規約」が採択され、1969年には「米州
人権条約」（中南米の24カ国が批准）が、1979年には「人及び人民の権利に関す
るアフリカ憲章」（バンジュール憲章、アフリカの53カ国が批准）が採択されるな
ど、人権の尊重は、普遍的な合意事項になりつつある。また、21世紀に入り、
世界で相次ぐ民族紛争やテロ、あるいは大規模な自然災害などが惹起するさま
ざまな人道的な課題に対処するうえで「人間の安全保障」や「保護する責任」
が大いに語られるようになったが、人権の保護は、その1つの強力な理念的根
拠である。

　第1章で触れたように、人権の普遍性という理念は、コスモポリタニズムを
支える重要な考え方であり、コスモポリタニズムの理論家は明示的であれ暗黙
的であれ、人権の普遍性に訴えかけて、みずからの議論の妥当性を論じようと
する。人権は、人間が人間であるという理由だけで（それ以外の追加の理由を必
要とせずに）、あらゆる人間を普遍的に尊重するように要求しうるからである。

　たとえば、前章で触れたように、トマス・ポッゲは、貧困からの自由は重要
な人権の1つであるとして、直接的であれ間接的であれ、貧困国の人びとの人
権を侵害しない消極的義務を、グローバルな正義の義務として正当化する。ま
た、サイモン・ケイニーは、地球温暖化およびそれによって引きおこされる気
候変動によって人びとの人権が脅かされるとして、気候変動にまつわる責任や
義務の公正な配分原理を確立しようとする（詳細は第7章を参照）。

人権には普遍的な価値がある。だが、それだけで話が終わるわけではない。とりわけ国際社会の文脈では、人権の普遍性を主張することは別の問題を呼びおこすことにつながる。国際社会においては、主権（国家主権）が極めて重要な意味をもつからである。

　16世紀に主権概念を明確化したフランスの法学者ジャン・ボダンによれば、主権は対内的に至高の権力であると同時に、対外的な排他性を有する。ゆえに、時として人権の尊重は主権の壁にぶつかることになる。よく知られているところでは、1994年のルワンダ内戦において、実に80万人から100万人ものツチ族の人びとが殺害された。こういう明らかな人道危機を前に、国際社会は「内政不干渉の原則」に阻まれ、有効な策を打てなかった。もちろん、この教訓を踏まえて、「保護する責任」などの議論が活発になるわけだが、いずれにしても、人権と主権は基本的には両立しがたいものである。

　さらには、人権の普遍性に対して、文化的な批判もある。確かに人権の理念は普遍性を帯びるのかもしれない。だが、人権はまた、西洋社会という個別特殊な文化的な価値観のもとに確立されてきた点も否めない。ゆえに、西洋以外の他の文化圏の者からすれば、人権の普遍性を過度に強調することは、異文化の価値観の押しつけであるように思われるわけだ。

　ここで思いおこされるのは、1990年代初頭に、シンガポールのリー・クアンユー首相やマレーシアのマハティール・ビン・モハマド首相ら、当時の東南アジアの政治指導者たちが、「アジア的価値」を語りつつ、欧米の文化的価値観で彩られた人権理念にもとづく「人権外交」を批判したことであろう。アジアの国々にはそれぞれ固有の価値観があり、それらはしばしば人権の尊重と対立する側面もある、というわけだ。人権の普遍性と文化的多様性をどのように折り合いをつければよいのだろうか。

　人権が普遍的なものであるとはいったいどういうことなのか、そして、人権と主権および人権と文化的多様性とはどのような関係性にあるのか。本章ではこれらの点について考えていこう。

2 人権の普遍性

（1）普遍性の起源──ジョン・ロックの自然権思想

　現代の人権概念の起源は、ストア派の哲学者の議論にまで遡ることができる。第1章で触れたように、ストア派のコスモポリタニズムの根底には自然法思想が見られる。それは一般に、特定の歴史的状況や社会政治的な取り決めにもとづかず、人間を超越する者（神）または万人に共通する要素（理性）から導かれる法である。こうしたストア派の自然法思想は中世キリスト教思想に受け継がれ、フーゴ・グロティウスを経て、ジョン・ロックの自然権思想に行き着くこととなる。

　よく知られているように、ロックは自然権思想および社会契約説を用いて、現代的な人権保障の基盤となる議論を提示した代表的な理論家である。ロックの高名な著書『統治二論』によれば、われわれ人間は「自然権」を有する主体である。彼によれば、人間は他者の「生命、自由、健康、身体、財産」を守るように規定された存在である。つまり、われわれには自然権として、生命に対する権利、自由に対する権利、財産を所有する権利があり、各人は他者の自然権を尊重しなければならない。自然権は、人間が人間であること、すなわち人間本性から導かれる権利なのである。

　とはいえ、人びとが自然状態において自然権を自由に行使しては、必然的に対立や摩擦が生じてしまい、実際にその権利は保護されないだろう。ゆえにロックは、人びとの自然権を確実に保障する国家（統治機構）の役割を論じた。国家の役割は、法の支配を確立し実施することによって、「自然状態」において各人の有する自然権を保護することである。そういう国家は人びとが社会契約をお互いに取り結ぶことによって導かれる。つまり、各人は社会契約によって共通の統治権力たる国家を樹立し、お互いの自然権の保全を図ろうとするのである。

　こうしたロックの議論は、アメリカ独立宣言やフランス人権宣言（人間と市民の権利の宣言）に大いに影響を与えた。これらの文書では、人は生まれながらにして人権をもつということや、その権利が不可譲のものであること、さら

には、生命・身体・財産に対する権利や思想良心の自由などが確認されており、現在のさまざまな人権憲章や各国の憲法典に多大な影響を与えた。

（2）人権の普遍性の正当化根拠

　このようにして確立されてきた人権の理念は、現代ではいかなる観点から普遍的なものであると考えられているのだろうか。さまざまに論じられているが、その代表的な議論を2つ挙げておこう。

人間の自然本性にもとづく議論　まずは、人間の本性にその根拠を求める議論である。かかる議論は西洋政治思想の伝統を着実に受け継ぐものだといえる。先に述べたように、ストア派以来、万人に共通する人間本性とは理性であり、各人は理性をもって自分の人生を切り開いていく自律的な主体であると考えられてきた。自然権とは、こういう主体に宿る権利である。

　アラン・ゲワースは、著書『理性と道徳』や『人権論』において、そのような理性的な存在としての個人に平等に付与される権利として人権を擁護する。ゲワースによれば、人間は「理性的で目標思考的な行動主体」である。そうした人間が、自分が善いと思う生き方を探求するには、次の2つのものが必要である。

　第一に、「自由」である。それは関連する事柄についての知識をもち、自律的な選択に従って、みずからの行動のあり方を管理できることである。第二に、「福利」である。それは行動するために必要なその他の一般的な能力や条件である。この2つがなければ、人は自由にみずからが善いと思う生き方を探求できない。したがって、人は理性的に自分の目標を追求するために、自由や福利への権利を必要とするのであり、それこそが人権である。つまり、ゲワースによれば、人権は「理性的かつ自由な意志にもとづく行動主体としての能力を有する各人の平等な尊重」という理念にもとづくのである。

　また、ジェームズ・グリフィンは、著書『人権について』において、人権とは「規範的な行為主体」である人間に宿るものだという。グリフィンによれば、人間はみずからにとって善いと考えるものを探求するために、熟慮し、評価し、選択し、行動する主体である。ありていにいえば、人間は善き生の構想とは何かについて反省的に考える能力を有する主体なのである。人権とは、そう

いう「規範的行為主体」である人間が、その能力を発揮するために必要なものであるから、各人の人権は保護されるべきなのである。

だが、人権が保護されるべき主体、すなわち人格の構想は、西洋社会の価値観を大いに反映している。たとえば、人は理性的かつ自律的な存在であり、善き生とは何かについて反省的に考える能力を有するという考え方は、必ずしも普遍的で文化超越的な理念であるとはいいがたい。

東アジア社会においては、個人は独立した主体であるというよりは、社会関係のなかに埋め込まれた主体であるという考え方が主流であるため、善き生の構想も、各自が自律的に追求していくというよりは、家族や共同体といった関係性のなかで模索していくものだと考えられがちだからである。ゆえに、上述のような人間本性にもとづく人権の正当化論は、西洋以外の社会の者からすると、受けいれがたいかもしれない。

| 人間の「共通の核」 にもとづく議論 | このように人間の自然本性にもとづく議論は、特定の文化的価値観の影響を受けている可能性がある。ゆえに、特定の人格の構想に依拠することなく、あらゆる社会や伝統のもとにあっても受けいれ可能な、人間としての「共通の核」を発見し、それにもとづいて人権を正当化しようとする議論もある。こういう議論の基盤となったのは、ヘンリー・シューの議論である。

第1章および第3章でも触れたように、シューは著書『基本権』において、各人には、他のいかなる権利よりも優先して保障されるべき権利、すなわち「基本権」がある。この「基本権」は、生存を確保するために最も弱い立場にある人に最低限の保護を与えるものであり、食べ物や住居など、人間としての「基本的なニーズ」を満たすことを目的とする。より具体的には、「基本権」とは次の3つの権利群からなる。

第一に「安全に対する権利」である。誰しも、暴力や拷問、あるいは不当な身体的拘束などから自由でなければ、人としてまともな生活を享受できない。また、身の安全が保障されることは、他の権利を行使するためにも必要である。安全に対する権利は、それ自体が重要であるのみならず、それが保障されなければ、他の権利を行使できないという意味でも重要なのである。

第二に、「生存権」である。より具体的には、汚染されていないきれいな空

気や水、十分な食料、衣服、住居が与えられること、そして基本的な医療を受ける権利である。これらは人間として最低限の活動を送ることができるために必要な権利である。これらを享受できず、最低限の生存もままならないのならば、その個人は極めて脆弱であり、安全に対する権利が脅かされるのと同様に、まともな生活を送ることは不可能である。

第三に、「自由権」である。これは、みずからの善き生を、他者に危害を加えないかぎりで自由に追求する権利である。具体的には参加の自由と移動の自由である。いずれも、それなしでは他の権利を享受できないという意味で重要である。

デイヴィッド・ミラーは、こうしたシューの議論を下敷きにして、グローバル正義論の理論的根拠を「基本的人権」の保障に求めようとする。ミラーのグローバル正義論については前章で簡単に触れたが、ここで特に着目するのは、ミラーが「基本的人権」をどのようなものと解釈しているか、という点である。

ミラーによれば、「基本的人権」とは、どこに暮らす人であろうとも正義の問題として享受されるべき「グローバル・ミニマム」として見なされなければならない。ミラーは基本的人権を「ニーズ」によって基礎づけようとする。このときミラーは、ニーズを「社会的ニーズ」と「基本的ニーズ」の2つに区別する。

「社会的ニーズ」とは、個々の特定の社会において人間らしい生活の要件と見なされるより幅広いニーズである。「社会的ニーズ」は各人がどのような社会に暮らしているかによって異なるわけだから、それは特定の社会における完全な構成員としての地位を保障するシティズンシップの権利（市民権）によって保障される。他方で、「基本的ニーズ」とは、いかなる社会においても人間らしい生活の条件として理解されるべきニーズである。より具体的には、水や食料、教育、医療、衛生などといった人間の生存に必要な条件のことである。

ここで重要なことは、ミラーによれば、この「基本的ニーズ」は労働、遊戯、学習、家族の扶養など、文脈を越えて繰り返し行われる人間的活動、つまりさまざまな集団において文化や伝統や時代の相違などを越えて見いだされる「核となる人間的活動」（core human activity）のなかに看取される、普遍的かつ客観的な指標である。そして、これだけが人権の基礎として役立ちうる人類の

普遍的特徴に依拠し、人権を確定し正当化する、というのである。

　確かにシューやミラーのような人権の擁護論は、特定の人格の構想にもとづくわけではないので、どの文化圏に所属する人びとにとっても同意しやすいものであろう。だが、幅広い合意が望める反面、その人権に具体的に含まれる内容は、極めて薄いものになってしまうかもしれない。

　シューのいう「基本権」は人間が人間として生きていくために最低限もつべき権利であろう。だが、仮にそれだけが人権であるということになれば、その理解はやや狭すぎるという批判は免れえないだろう。実のところ、人権において論争になるのは、より広範にわたる社会的・経済的権利であったり、文化的権利であったり、「基本権」以外の部分の権利保障であることが多い。「共通の核」にもとづく議論では、ともすれば、このような権利を人権だと見なすことができなくなってしまうおそれがあるのである。

3　人権の普遍性に対する挑戦——主権と人権の対立

（1）人権の尊重と主権の尊重は両立するか

　これまで人権の普遍性について論じてきた。だが、いかなる理屈をもって正当化しようとも、人権の普遍性は主権（国家主権）と対立する。とりわけ主権は対外的排他性を特徴としており、いかなるものも主権の壁を乗り越えることはできないと考えられている。この点については、しばしば国際政治学で論じられてきた。長きにわたって、国際社会において、国家主権は極めて重要であり、そう簡単に乗り越えられるものではないと考えられてきたのである。

　いわゆる「英国学派」の代表的論客であったマーティン・ワイトはかつて、人びとの「善き生」を扱う国内政治と諸国家の「生存」を扱う国際政治を峻別し、国内社会を考察の対象とする政治理論や政治哲学の議論は、アナーキーな国際社会を対象とする国際政治に適用できないとした。ヘドリー・ブルはワイトの議論を受け継ぎ、著書『アナーキカル・ソサイエティ』において、「国際社会」において重要なのは、「正義」を実現することではなく、「秩序」を維持することであると論じた。

　「国際社会」における「秩序」を維持することとは何を指すのだろうか。ブ

ルによれば、それは第一に、主権国家からなる社会それ自体の維持、第二に、各国の独立と主権の維持、第三に平和の維持である。ここで重要なことは、「国際社会」において「秩序」と「正義」は両立しえないとブルが考えている点である。

　「国際社会」における「正義」（ブルは「人間的正義」や「コスモポリタニズム的な正義」という言葉を使う）とは、権利や義務を各人に付与する道徳的規則であり、それは普遍的人権という理念を基盤とするものである。ただし、ブルによれば、こういう「正義」の要求に対して、「国際社会」は冷淡な態度を取らざるをえない。なぜなら、「国際社会」において「正義」の要求を貫徹しようとすれば、なんらかの人権侵害が行われている状況を前にして、国家主権の壁を乗り越えて救済する義務、つまり人道的介入の義務が果たされなければならないからである。だがそれは、内政不干渉原則、あるいは主権の対外的独立性という「国際社会」における秩序維持の原理と明らかに矛盾する。ブルは次のように述べている。

　　コスモポリタニズム的な正義の理念は、完全に実現できるとすれば、それは世界市民社会という文脈においてしか実現されえない。それゆえ、コスモポリタニズム的な要求は、主権国家体制と主権国家からなる社会を改変しようという要求であり、本質的に革命的なものである。……主権国家体制と主権国家からなる社会という文脈において、コスモポリタニズム的な正義の理念を追求することは、目下のところ秩序が維持されている仕組と衝突する（ブル 2000）。

（2）主権の擁護論——本質的価値か手段的価値か

　国際社会において主権は極めて重要な価値をもつ。そのこと自体はブルが約半世紀前に論じた状況と本質的には変わっていない。とはいえ、主権はいかなる意味で重要なのだろうか。あるいは、主権にはいかなる価値があるのだろうか。この点に合意があるわけでは必ずしもない。

　主権の価値ついては、大別すると2通りの答え方がある。第一に、主権には本質的な内在的価値がある、という答えである。そう主張する代表的な論者はマイケル・ウォルツァーである。ウォルツァーによれば、政治共同体は単なる個人の集合体ではなく、人びとが共通の生を営む空間である。したがって、国

家は主権をもち、その共通の生のあり方を管理できなければならない。国家主権とは、「同時代の人びとが歴史的共同体の一員として生き、受け継いできた文化を自分たちが（世代を越えて）練りあげてきた政治形態を通じて表現する権利から、その道徳的・政治的力を得ている」というわけだ。

　さらにいえば、人権は事実上、国家によってその保護を与えられるものである。安全や財産などに対する基本的な権利は、一般に特定の国家的な枠組みのなかで規定され、保護される権利である。だとすれば、国家がなければ人権も存在せず、人権は国家という文脈においてこそ意味をもつのだ。だからこそ、ハンナ・アーレントは、国家から締めだされ、どこの国家の市民にもなりえない者は、権利をもつことさえ許されないという意味で、難民とは「権利をもつ権利」（the right to have rights）をはく奪された者であると論じたのである。ゆえに、ウォルツァーによれば、国家の権利と個人の権利とを単純に区別するのは誤りであり、国家の権利がなければ、個人の権利は意味をなさない。個人が家を必要とするように、権利もそれが宿る場所を必要とする、というのだ。

　他方で、別の答え方もある。国家主権が重要なのは、国家が外部の干渉を受けずにみずからの内政を決定する権利を尊重することが、人権を実現するための手段であるからだ、という答えである。つまり、国家主権は人権を実現するための手段として重要であり価値があるのだ。

　国家は自国民の利益をよく理解しており、ゆえに人びとにとって何が重要であるのかをわかっている。国家が、人権を保護するための制度的メカニズムの構築を含め、みずからの国内生活を自由に決定することができれば、人権はより促進・実現されやすい。したがって、国家は人びとの人権を保護する最も望ましい手段であるという意味で、主権には手段的な価値があると考えられる。

　これは実質的に、主権よりも人権に重きを置く議論である。主権が人権を実現するための手段的な価値しかないのであれば、国家が自国民の人権を侵害したり、確実に人権を保護できない場合には、国家主権は価値を失うことになるからである。ゆえに、こうした主権の手段的な理解は、国家主権の壁を低くし、人道的介入への道を開くのである。

　ゆえに、この２つの解釈には、コスモポリタニズムとコミュニタリアニズムの立場の違いが表れているといってよい。往々にして「コミュニタリアン」

は、国家主権には本質的な価値があると考え、人権は国家によってこそ保護されるという意味で、主権は人権に優越すると考える。他方で、概して「コスモポリタン」によれば、国家主権はその市民の人権を保護するかぎりにおいてしか重要ではないという意味で、人権は主権に優越するのである。

（3）主権から人権へ？

　冷戦終結後、貧困・抑圧・虐殺などに関して、国境を越えた関心を人びとが抱くようになった現在では、国家主権の堅牢さには疑義が呈されているように思われる。2003年の報告書『安全保障の今日的課題』には以下のように記されていた。

　　安全保障に対する考え方は、国家の安全保障という限られた狭い概念から、人々の安全へと拡大されてきた。そしてその変化のなかで、国家のみが安全保障の対象であってはならないという意識も生まれてきた。つまり、人々の利益や人類全体の利益が中心的課題になってきたのである。こうして安全保障とは、個々の市民が自由と安全を享受し、終始一貫して統治に参画するための包括的な条件を意味するようになった。

　1994年に国連開発計画（UNDP）が『人間開発報告書』において提起した「人間の安全保障」という概念について、中身の具体的な定義はともかく、少なくとも「人々が生存・生活・尊厳を享受するために必要な基本的手段を手にすることができるよう、政治・社会・環境・経済・軍事といった制度を一体として作りあげていく」という理念は、広範に支持され受けいれられているといえよう。このことは、対人地雷の禁止を訴える「対人地雷禁止国際キャンペーン」や、特に世界の貧困を解消するために、重債務貧困国の債務取り消しを求める「重債務救済キャンペーン」が世界的に広まり、大きな成果を挙げたことからも看取される。

　ブルがいうような最低限の共存のルールが守られることは、ともすれば破綻国家や失敗国家に暮らす人びとが死に絶えていくのを見すごすことにつながりかねない。破綻国家がブルの論じる「国際社会」の構成員であるかという問題は措くとし、仮に国際連合の加盟国をひとまず主権国家であると見なせば、破綻国家や擬似国家も「国際社会」の構成員となる。とすれば、ブルからすれば

「国際社会」における秩序は国家主権の対外的独立性の維持と国際システムの維持・再生産であるため、それらに対するいかなる介入も、国家主権を盾にして、秩序を壊乱する不正な行為ということになる。したがって、破綻国家における人権問題はあくまで国内問題として処理され、その第一義的な責任は当の国家や国民にあり、「国際社会」は傍観者たるしかないということになる。

　はたしてそれでよいのだろうか。国際社会は、1994年のルワンダや2003年のダルフール（スーダン）における人道危機を前にして、何もできなかった。その結果、実に80万人から100万人にのぼるツチ族の人びとが殺害された。ダルフールでは45万人の非アラブ系の住民が殺害されたり、餓死したとされる。そういうなかで「保護する責任」や「人道的介入」の是非が議論されるようになったわけである。

　だが、人間の安全保障や保護する責任などの議論には、次のような懸念もあるだろう。たとえば、市民の人権を保障する義務を怠ったということを口実にした干渉が許されるとすれば、それは実質的に、国際法の諸原則の根本的な見直しを迫ることとなる。場合によっては、内政不干渉原則によって大国の不正から守られてきた小国が、政府のわずかな落ち度によって介入を受けることとなり、独立の保障を失いかねない。さらには、人道上の要請から介入を行ったが、結果的に自体を悪化させ、また人びとの安全を低下させたとすれば、その責任は誰が負うのだろうか。

　そして、さらに重要なのは、我が国の国際法学者である大沼保昭の次のような指摘である。少し長いが引用しておきたい。

　　貧困から餓死する者があってはならないということは、世界中の誰もが同意するところであろう。……文明、宗教、文化の違いや、国内問題を国家の管轄事項として国家間の不干渉を義務づける国際法の原則は、こうした政府の怠慢や蛮行を許す根拠となるものではない。しかし、人権の普遍性を主張して、こうした行動を非難する側（米国その他先進国）が、非難される側の宗教や文化、社会規範や慣習への配慮を欠き、先進国のかつての帝国主義的・植民地主義的行動や自己の社会が抱える諸問題への反省も無いままに独善的な批判を行うなら、人権侵害批判というそれ自体正当な行動も、大国の「外圧」や「干渉」、あるいは「文化帝国主義」として反発されるのは避けがたい（大沼 1998）。

一般に人権は、疑問の余地なく「善い」ものだとされる。だが、人権を金科玉条のごとく掲げれば、常に主権は乗り越えられる、という主張は実のところ危うい。大沼によれば、「人権の冷静な検討を欠いた物神崇拝的態度は、学問的に誤りであるばかりではなく、人権の普及と深化への感情的反発も招き、人権自身の大義を傷つけることになる」。そうであれば、人権の普遍性をどのように説明するかという問題に、いまいちど立ち戻らなければならないだろう。

4　人権の普遍性は文化の多様性と両立するか

実践的含意に
もとづく議論

国際的な人権レジームをより効果的なものにするには、人権に関して異文化間で普遍的に受けいれられる合意が必要である。だが、はたしてそのような合意を得ることは可能であろうか。1つの考え方は、これまで国際社会において積み重ねられてきた人権に関する実践や、より具体的には諸種の人権に関する規約や文書というのは、そういう合意があることの現れだというものだ。

　1990年代前半のいわゆる「アジア的価値」の観点からの人権外交批判を受けて、チャールズ・テイラーは、人権に関して「強制にもとづかない合意」を達成できる条件について論じた。そこでテイラーは、「行為規範としての人権」と「人権の正当化」とを峻別すべきだという。人権はなぜ重要であり正しいのかということの正当化根拠は、さまざまな観点から説明可能であり、それに関して異文化間の合意を見いだすのは極めてむずかしい。それゆえ、「行為規範としての人権」とその基礎にある「人権の正当化論」とを切り離し、正当化根拠はともかくとして、「行為規範としての人権」に実質的に合意できればそれでよいのではないか、というわけである。

　近年、こういうテイラーの議論をさらに推し進め、いわば「実践的含意にもとづく議論」を提示しようとするのがチャールズ・ベイツである。ベイツは著書『人権の理念』において、国際社会におけるなんらかの規範や慣行（条約やその他の制度的枠組みなど）が「人権を保護すべきだ」という理念のもとに実践されているという事実そのものに着目する。ベイツによれば、「普遍的人権という理念は、すでに実践と理論における国際関係の言語の一部になっている」

のである。

　いわゆる暴君や専制政治の指導者と呼ばれる者でさえ、自分たちがなんらかの事柄で訴えられたときに、人権と呼ばれるものを否定せず、むしろ自分たちは人権を侵害していないと主張するだろう。そのことは、国際社会において人権の実践が確立されている証拠である。ベイツはこのように論じるわけだ。

　人権に規範的な権威がある理由は、人権の理念が果たすべき機能として認識されている事柄や合意されている事項を参照することで説明される。つまり、人権とは、政治文化や歴史や伝統が異なっていても、あらゆる人びとが支持できる普遍的な合意事項なのである。人権はそのようなものとして理解され、すでに国際社会における実践に組みこまれている。ゆえに、そういうふうに人権の普遍性が一定程度支持されるかぎりにおいて、個々の社会が自分たちの文化や伝統のなかで人権をどのように正当化するかということは、人権実践の問題には全く関係ないのである。

　こういう「実践的含意にもとづく議論」は、なんらかの道徳哲学や特定の人格の構想にもとづいて人権を正当化しようとするものではない。それは、そのような正当化を否定するのではなく、そもそもそのような正当化は必要ないという立場に立つ。また、社会的事実として合意できる価値観だけに人権を還元するわけではないという意味で、「実践的含意にもとづく議論」は人間の「共通の核」にもとづく議論とも異なるのである。

　ただし、そうなると、次の点が問題になろう。確かに、諸種の人権実践がなされてきたことは事実であるが、そういう実践の体現としての人権規約でさえ、世界中のすべての国や地域が批准しているわけでは必ずしもない。ましてやいくつかの民族文化的な権利については、人権として認めないということもありえよう。たとえば、そういう人権規約に合意しない国家に対して、人権の正当性をどのように主張し、いかにして人権の保障を促すことができるのだろうか。国際社会における実践に反するのは誤りだというだけではさほど説得的ではないだろう。

　また、人権実践への合意は、人権規範に合意しているからというよりは、政治的な妥協の産物かもしれない。つまり一部の国々は、人権が重要であり保護すべきだという理由ではなく、政治外交上の理由で、人権規約や文書を支持し

たにすぎない可能性もあるのではないか。そういう意味で、「実践的合意にもとづく議論」はいささか心許ない議論であるよう思われる。

| 文化に鋭敏なアプローチ | 確かに人権の正当化のあり方はさまざまな文化や社会によって異なるだろう。ゆえに、正当化のレベルでの |

合意は求めずに、これまでになされてきた人権実践の蓄積およびそれに対する合意に事実上の人権の普遍性の根拠を見いだすというのは、1つのアプローチとしてはありうるかもしれない。だが、なぜ人権は普遍的価値があるのかという正当化根拠を欠くとすれば、そうした人権を支持し保障しなければならない確固たる理由づけを欠くことになってしまうだろう。

さらには、各国間で合意可能な人権規範は、ともすれば、ジェノサイド、殺人、奴隷、拷問の禁止といった「最小限の権利」のみを人権として規定することになりはしないだろうか。先にも触れたように、むしろ重要なことは、広範な合意を得られそうな「基本権」としての人権ではなく、より論争的なマイノリティの権利、先住民の権利、家族法に含まれる権利などの部分について合意を獲得することである。そのためには、各社会の人びとにとってなぜその権利が重要なのか、重要でないのかといったところに立ちいって、理解しようとする必要がある。

これまでの人権の正当化論に不足していたのはこの部分である。先述の「人間の自然本性にもとづく正当化論」のように、西洋の人権言説は、あたかも普遍的であるかのような言葉で語られ、異文化の視点からの意見を受けいれる余地がほとんどなかった。だからこそ、欧米以外の文化圏に所属する人びとは、人権規範を「自分たちの」人権規範であると見なすことができず、それを価値あるものとして信奉する明確な理由を見いだせなかったのである。正当化をめぐる異文化間対話を回避して人権実践だけに着目する前に、いまいちど諸社会の文化的文脈に丁寧に目を配るべきではないか。ダニエル・A・ベルは、そう主張して、人権に対する「文化に鋭敏なアプローチ」（culturally sensitive approach）を提唱する。

ベルによれば、社会において（人権として）確立される権利には、その社会に固有の伝統や慣習や文化や観念などの集合体である「地域知」（local knowledge）が反映されている。ゆえに、現地の人びとの意見を全く取りいれ

ずに考案された「普遍的な」理念を採用せよ、というのは極めて無礼な話である。人びとが自分たちの生活を理解するために用いてきた習慣や価値観のうえに人権を構築するほうが、人権の理念や実践をその後長きにわたって信奉することにつながる可能性が高い。ゆえに、人権をめぐる異文化間対話で重要なのは、まずは「地域知」を理解しようとすることなのである。

人権から「人権文化」へ

ベルの「文化に鋭敏なアプローチ」の要点は、なぜ人権を信奉すべきなのかという「動機づけ」を考慮すべきだというところにある。人権規範を自分たちのものであると考え、それを積極的に信奉しようとする動機は、1つにはその規範が自分たちにとってなじみ深い言葉で説明できることから生じるだろう。これはある意味では、人間の普遍的な心理である。概して人は、他者から押しつけられたものには反発し、自分にとってなじみ深いものには愛着を抱くものである。

こういう観点から人権を解釈しなおすべきだという動きが、欧米の政治哲学のなかにも存在する。その代表的論客の1人であるリチャード・ローティは、次のように論じる。西洋哲学は「人間の深遠なる非歴史的な本性とは何か」を探究する企てであり、著名な思想家の多くは、それを「理性」であると考えた。そして、既述のように、人権の理念も「理性」と分かちがたく結びついてきたのである。けれども、ローティによれば、そのような非歴史的な人間本性を主張することで、さまざまな理念や考え方が普遍的に受容されていったかといえば、そうではない。それどころか、無用な反発を招き、なんらうまくいった試しがない。ゆえに、非歴史的な人間本性から人権の理念を導きだし正当化しようとすべきではないというのだ。

ローティはむしろ、人権を「社会的構築物」であり「文化」であると見なすべきだと主張する。人権をある特定の人間観にもとづいて形而上学的に基礎づけるとすれば、その人間観に同意できない社会に対して、人権は全く説得力をもたない。だが、人権は「文化」であり、社会的に構築されていくものだと考えれば、人権概念を柔軟な形で拡張したり、中身を吟味することが可能になるという点で、人権の普遍的な受容に道を開くというのである。

このときローティが重視するのが、非歴史的な人間本性としての「理性」ではなく、時としてその対極にあると考えられる「感情」である。ローティによ

れば、人間と動物を分かつものは「理性」ではなく、「ほかの動物よりもはるかによく感情を理解しあうことができる」という点であり、このような他者の気持ちをくみ取る「感受性」(sensitivity) や「共感能力」(sympathy) を重視すべきだというのである。とりわけローティは、他者がいかに「脆弱」であり、「傷つきやすい」のか、他者がどれほど「苦しみ」、「残酷な」状態に置かれているのか、といったことを感じとる能力を高めることが肝要であり、それこそが「人権文化」の普遍的な受容につながる、というわけである。

　あるいは、フランス革命史の研究者であるリン・ハントも同様の主張をしている。ハントは、人権が社会で受容され、力をもつには、それが人びとの「感情」に訴えかけるものであるかどうかが重要だということを、歴史社会学的な観点から明らかにした。彼女は、ディドロの議論を引用しつつ、人権が人びとに受容されるには、ある程度広く共有された「内面の感情」(interior feeling) が必要だという。そして、フランス革命当時の啓蒙思想家たちの多くは、実のところそのことをよく理解していた、というのだ。

　このように人権を「理性」ではなく、他者の苦しみを感じとり思いやるといった「感情」にもとづいて説明しようとする企ては、人権の正当化をめぐる異文化間対話を進めるのに役立つだろう。というのも、こういう考え方は、欧米の思想潮流では「ケアの倫理」として知られているし、他方で、たとえば儒教倫理においては、その中核をなす「仁」や「惻隠の情」という概念と重なるものだからである。ゆえに、そういう「感情」を基盤とすることで、非欧米圏の人びとにとっても受けいれやすい人権の正当化論を構築できるかもしれないのだ。これは一例にすぎないが、重要なことは、こういう形で、人権の理念についての比較思想的考察を促すことであろう。

5　おわりに

　人権とは、人間が人間であること（だけ）を理由に有する権利である。したがって、直観的に、人権は普遍的な権利であると考えられる。だが、文化的・道徳的に多様な世界において、人権を理念として受けいれることは可能であっても、人権をどういう観点から正当化できるかという点については、なかなか

合意が得られにくいだろう。

　ゆえに、「行為規範としての人権」と「人権の正当化」とを切り離し、国際社会において人権規範の重要性は認められており、さまざまな人権実践が行われ、諸種の人権規約や文書が交わされてきたという事実に着目するというのは、１つの考え方としてはありうる。だが、本章で指摘したのは、いかに実践や合意が積み重ねられてきているとしても、それを「自分たちの」規範や実践であると思うことができなければ、それを長期的に安定的に信奉しつづけるのはむずかしいだろう、ということであった。

　今日の世界では、人権規範の重要性がますます高まっていることは間違いない。ルワンダやダルフールなどで起こったような人道危機を目の前にして、国際社会が手をこまねいてただ傍観するだけ、というのはもはやありえない。そういう意味では、ブルの言葉を借りれば、国際社会において、「秩序」の実現のみならず、「正義」、つまり人権の実現が期待されるようになってきているのだ。そうであれば、なおいっそうのこと、なぜその人権の実現に普遍的な価値があるのか、という点について、納得のいく正当化論が求められるであろう。

　西洋哲学および現代リベラリズムはその傾向性として、時間や空間を越えて普遍的に見いだせる人間本性に関する知識を追究してきたのであって、その１つの答えは「理性」や「合理性」である。したがって、理性や合理性にもとづく理論や考え方は、歴史や文化を越えて人類に普遍的に妥当すると考えられがちである。西洋の知識人が往々にして抱いている「人権は普遍的なものだ」という考えの根底にはこうした意識があるのだろう。しかし、そういう人権理念の普遍性を自明視して疑わない態度は極めて教条的であり、欧米以外の他の文化圏からの反発を招いて当然である。

　とはいえ、では非欧米圏の社会は、はたして人権の正当化論の別のあり方をどれほど積極的に提示してきただろうか。「人権」という言葉で言い表されてきたわけでは必ずしもないだろうが、非欧米圏の社会にも、「人権」のような理念が存在してきたであろう。そうであれば、各社会は、そういったものを掘りおこし、みずからの文化的資源を用いて、自分たちの肌感覚に合った、借り物ではない人権の正当化論を提示・構築できるはずである。欧米も含めた各社会が、人権を「自分たちの」の理念や規範であるとして積極的に信奉する動機

づけをもちうるような人権の正当化論を提示しあう。そういう営みをとおして、人権の理念は真の意味で普遍的に受けいれられていくのではなかろうか。

○ Further Topics 4　人道的介入

　本文でも少し触れたように、人道的介入とは、たとえばジェノサイドや民族浄化が行われようとしていたり、国家が崩壊して内戦状態にあり、大規模な人権侵害がなされるおそれがあるといった人道上の理由にもとづいて行われる軍事介入のことである。これは国際社会における国家間の共存のルールの1つであり内政不干渉から逸脱するものであり、ゆえに、国際社会において常に論争の的となる。

　昨今の人権規範のグローバルな高まりにより、内政不干渉を理由に、大規模な人権侵害が行われようとしている状況を放っておくわけにはいかなくなってきている。ゆえに、人道的介入は必要ではある。けれども、介入を実行する際には、いくつかの懸念が挙げられる。

　たとえば、ある国家が何か別の意図をもって介入しようとする際の隠れ蓑として、人道的介入が使われてしまう可能性はないのかという懸念である。実際に、第二次世界大戦が勃発する1つのきっかけとなったナチスドイツによるチェコスロヴァキアへの侵攻は、自国民の保護を目的とした正当なものであると主張された。また、アフガニスタン戦争やイラク戦争においても、その戦争の正当性を論じる際に、しばしば「人道的介入」という言葉が使用された。しかしながら、この両戦争は「対テロ戦争」という意味合いが強く、しかも、とりわけ後者は国連決議を経ない、アメリカ主導の有志連合による介入であった。

　また、人道的介入は首尾一貫して行われるべきだが、実際にはそうはなっていないところも極めて憂慮すべきである。たとえば、ルワンダやダルフールでは人道的介入は行われなかったが、コソヴォに対しては行われた。この違いはどこにあるのだろうか。いくつか説明の仕方があるだろうが、1つには、介入する国家にとって戦略的に重要であったり、なんらかの利益がもたらされる場合には介入が行われやすいし、そうでなければ、介入に二の足を踏む国家が多いということだ。逆にいえば、残念ながら、純粋に人道上の理由だけで介入が行われることは少ないのである。

　「人道的介入」は理念としては極めて重要であるが、実行にあたっては、その正当性をどのように判断するのか、誰がその正当性を付与するのかなどといった点にまつわる懸念がある。かかる問題については、個別具体的な事例についての詳細な検討が欠かせないであろうし、理論的には第9章で論じる「正戦論」とのかかわりで、介入の「正しさ」をいかに担保すべきかが問われなければならないだろう。

【文献案内】

上野友也『膨張する安全保障——冷戦終結後の国連安全保障理事会と人道的統治』
（明石書店、2021年）

Tesón, Fernando. and Van der Vossen, Bas., *Debating Humanitarian
Intervention: Should We Try to Save Strangers?* Oxford: Oxford University
Press, 2017.

第5章

国境を越える移住

1　はじめに

　かつてスティーヴン・カースルズとマーク・ミラーは、1990年代初頭に世界の移民の総数が１億人を突破したという国際移住機関（International Organization for Migration：IOM）の試算を引き合いに出し「20世紀の最後の10年と21世紀の最初の10年は移民の時代になるだろう」と述べていた。21世紀も四半世紀がすぎようとしているが、移民希望者の数は増えつづけている。最新の『世界移住報告書』によれば、出生国以外の国に居住している人は難民や避難民を含めて２億8100万人にのぼり、その３分の２は労働移民である。2011年の『報告書』では、今後の世界の人口の増加にともない、移民の数は2050年までに４億500万人に達するだろうと予測されていたが、その予測を上回るペースで人びとが国境を越えて移住しているようである。

　こうした国境を越える人の移動は経済のグローバル化とも密接に結びついている。日本を含めて、先進諸国の経済は、もはや移民を労働力として取りこむことなしには成り立たなくなってきている。けれども、カースルズとマーク・ミラーが述べているように、移民の流入はその社会にとってはさまざまな意味で「脅威」と見なされやすい。特に富裕国の市民は、異質な文化的背景をもつ移民が自国の社会に経済的・社会的な影響を与えることを恐れ、移民を受けいれることに強い抵抗感を示す場合も少なくない。まさに近年、欧米諸国で見うけられるある種の排外主義や、極右ポピュリズムの台頭は、移民の受けいれをめぐる論争と密接にかかわっているのである。

　かかる背景を踏まえて、本章では、国境を越える移住や移民の受けいれについて政治哲学者がどのように論じてきたのか、その論争状況を整理していこう。移民の受けいれはさまざまな問題を呼びおこすが、まずもってそれは、当

人をそもそも受けいれるべきか否かという国家の決定にかかわる。そこで本章では、特に国家による入国管理の是非をめぐる政治哲学者の論争状況に焦点を当てよう。

国家による入国管理の是非については、その正当性に疑問符を付し、自国民と入国希望者を公正に処遇するという観点から、基本的には国境は取り払われるべきだという「国境開放論」（open borders）と、国家は誰が入国できるかどうかを決定する正当な権利があると主張する「国境規制論」（closed borders）とのあいだの論争がある。この論争は、移民の受けいれをめぐる「コスモポリタン＝コミュニタリアン論争」である。

ただし、あらかじめ述べておけば、国境開放論者のなかで、完全な国境開放を支持する者は稀であり、他方、国境規制論者のなかでも完全な国境閉鎖を主張する者はほとんどいない。つまり、この論争は、「国境開放か、それとも国境閉鎖か」という単純な二項対立ではなく、「国境はどの程度開かれる／閉じられるべきか」という点をめぐって展開されているのである。

まずは、国境開放を支持する「コスモポリタン」の議論から始め、その後、国境規制を擁護する「コミュニタリアン」の議論について検討しよう。さらには、移民の「受けいれ」のみならず、移民の「出国」や「退出」にまつわる問題にも若干の目を向けてみたい。

本論に入る前に、1つだけ留意しておきたい。本章の文脈で「移民」という場合、基本的には、「経済移民」や「機会移民」と呼ばれる人びとのことを指している。いいかえれば、本章で主として扱う「移民」とは、経済的な機会を求めて自発的に移動する人びとのことであり、自然災害や紛争などの危機的な状況によって強制的に移住せざるをえない人びと（forced migrants）などを含む、いわゆる「難民」（refugees）については基本的には扱わない。

2　国境開放論

（1）生まれの道徳的恣意性

コスモポリタニズムを支持する理論家は一般に、国家には一方的に移民希望者を排除する権利はないとして、国家による入国管理の正当性に疑念を呈す

る。その代表的論客は、ジョセフ・カレンズである。本節では、カレンズの主著『移民の倫理』における議論を中心に、国境開放論を整理しよう。

　カレンズによれば、基本的に国境は開放されているべきであり、人びとは一般に、出身国を離れて別の国に定住する自由があってしかるべきである。彼がそう考える1つの大きな理由は、現代世界は残念ながら、人びとが享受できる豊かさや機会が、生まれ落ちた社会によってあまりにも違いすぎるからである。人びとはどの社会に自分が生まれるかを選択できるわけではない。だが一方で、富裕国に生まれれば、多くの機会に恵まれ、それなりに教育を受け、ある程度の天寿を全うして穏やかな一生を送ることができる可能性が高い。他方で、貧困国に生まれれば、医療や教育の機会に恵まれず、幼くして命を落とすかもしれないし、経済的に困窮する生活を送らざるをえないかもしれない。しかも、そういう社会の平均寿命は往々にして短い。つまり、豊かな社会に生まれるか、貧しい社会に生まれるかは、全くの運であるにもかかわらず、その運の良し悪しで、人生の行く末が大きく左右されるわけである。

　こういう状況において、国家が国境線を引いて、入国を管理することはどういう意味をもつだろうか。ここでカレンズが持ちだすのが、「封建制」のアナロジーである。封建社会において、領主の子として生まれるのか、それとも農奴の子として生まれるかによって、当人の生き方はほとんど決まってしまう。そして、領主の子として生まれれば、何の苦労もせずに「特権」を手にすることができる。

　カレンズによれば、西欧の自由民主主義国家における「市民権」は、現代の「封建的特権」であり、人生の機会を大きく広げることを可能にする地位である。そして、富裕国の人びとは、貧しく機会に恵まれない人びとを締めだすことによって、その「特権」を維持しているというわけだ。カレンズは次のように述べる。

　　ある所定の領域で生まれ、市民権をもつ両親から生まれた者には、別の場所で生まれた者、あるいは外国人の両親から生まれた者以上に、市民権の恩恵を受ける資格があるという論拠で、移民の制限を正当化できるわけではない（Carens 2013）。

　リベラリズムの原理からすれば、人びとの自発的な選択にもとづかない不正

義は是正されてしかるべきである。ゆえに、「生まれ」という道徳的な恣意性にもとづく不正義を是正する手段の1つとして、人々は生まれ落ちた社会から別の社会に、よりよい機会などを求めて自由に移動できるべきなのである。

（2）移動の自由という人権

また、カレンズは、人びとには基本的人権として「移動の自由」があり、国家が入国管理を行うことは、この基本的人権の侵害であるという。リベラリズムは一般に、人びとには、他者が同じように行動する正当な権利を妨げないのであれば、みずからが善いと思う生き方を探求する自由があるべきだ、という考えを信奉する。その条件の1つとして、人びとには移動の自由がなければならない。移動の自由がなければ、たとえば居住や職業選択、パートナーの選択など、かなりの自由が制約されてしまう。ゆえに、移動の自由は、それ自体が本質的に重要なだけでなく、他の自由を保障するために必要な条件であるという意味で、手段的にも極めて重要なのである。

そうだとすれば、このことは何も国内社会のなかだけに限られる話ではなかろう。たとえば、日本でクリケットの選手として成功するのはむずかしいだろう。欧米諸国で棋士になる機会もあまり得られないだろう。このように、自分が本当に善いと思う生き方は、自国のなかでは十分に探求できないかもしれない。だから、各人の善き生の構想に従って、みずからが望む機会を享受できるように、必要があれば自国の外にも自由に移動できなければならないだろう。つまり、ある人が自国内で移動する理由は、当然ながら、その人が国境を越えて移動する理由にもなりうるわけだ。カレンズは次のように指摘する。

> 国内で自由に移動する権利が重要であるならば、国境を越えて移動する権利も同様に重要ではないだろうか。国内で移動したいと思う理由は、すべて国家間で移動する理由にもなる。ある人は仕事を求め、ある人は他国の人と恋に落ちるかもしれない。国家内での移動の自由を人権として扱う一方で、国境を越えた移動の自由に対する国家の裁量権を認めるというのはあまりに断絶しており、道徳的につじつまがあわない（Carens 2013）。

（3）批判的検討

　入国管理は、ある意味では先進国の人びとの「特権」を維持するように働き、途上国の人びとの機会を奪い、彼らを貧困状態のままに留めおくように機能する。ところが、このように結論づけるのはやや早急であるかもしれない。

> 生まれの恣意性は
> ただちに国境を越える
> 移住を正当化するのか

まず、生まれの恣意性はただちに国境を越える移住を正当化するのだろうか。直観的には確かにそのように思われるかもしれない。だが、「恣意的であること」が、ただちにその状況の是正を要求しうる道徳的な効力を有するのかどうかは、少し立ち止まって考えてみたほうがよさそうだ。

　ジョン・ロールズは『正義論』において、人生のスタート地点が「道徳的に恣意的」であることは望ましくないと論じた。ところが、ロールズは、それは不正なのではなく、単にふさわしくないのだと述べた。どこに生まれたか、どのような能力を遺伝的に受け継いだか、いかなる社会的地位や資産を継承したか。こういうものは、単に運の良し悪しの問題なのであり、個人の功績や責任（あるいは社会的利益や負担の割合が大きいか小さいか）に直接的につながるものではない、というわけだ。

　確かに先進国に生まれた人びとが、それだけで、途上国に生まれた人びとに比べて、相対的に豊かさや多様な機会を享受できるというのはふさわしくない。とはいえ、先進国の人びとがそういう豊かさや機会を享受できることは道徳的に誤りであり、それゆえに是正されるべきだ、とただちにはいえないのである。

　さらに、ロールズは恣意性の議論を、国内での配分の平等の文脈に限定して論じている。国内での配分の平等の文脈で「恣意性」が重要であるのは、国家は自国の市民に対して、彼らが同意しようとしまいと、さまざまな強制力を行使しており、市民はその影響を大いに受けるからである。強制の対象となる市民を、社会制度においてできるかぎり公正に処遇しなければ、国家による強制力の行使を正当化できない。この観点からすれば、移民希望者は、受けいれ国からすれば「部外者」であり、強制力の行使の対象ではないので、市民と同じように処遇せねばならないいわれはないのである。

　したがって、生まれの恣意性は、確かに問題ではあるが、だからといってただちに入国管理を不当だとする理由になるかどうかは、疑問の余地があろう。

では、移動の自由という人権の観点から国境を越える移動の自由を擁護する議論はどうだろうか。デイヴィッド・ミラーによれば、かかる主張も、一見すると妥当であるように思われるが、よくよく考えてみると、その議論にも問題がある。

まず思いおこさねばならないのは、リベラルな国家のなかでさえ、人はどこにでも自由に移動できるわけではない、という点である。交通法規は遵守せねばならないし、よその家の敷地にみだりに立ちいることは許されない。われわれの移動の自由は一般に、さまざまな制約のもとにあるわけだ。

そして、重要なことに、移動の自由がこのように制約されているからといって、誰も移動の自由が損なわれているとは考えない。というのも、第一に、こういう移動の自由の制約は、他の人権、すなわちプライバシーや安全といった別の人権保護との兼ねあいで要請されるものだからである。第二に、こういう移動の自由の制約があったとしても、われわれには自分が善いと思うことを実践するに足る移動の自由が与えられているからである。ここから明らかなのは、移動の自由は、確かに重要な人権の1つではあるが、常に優先されるべき「完全無欠の」権利ではないということだ。

さらにいえば、移動の自由は、「自分の理想とする人生設計を実現するために」保障されるのではなく、「人間の基本的な利益を広く保護するために」保障されるものである。したがって、ある人が著しい貧困にあえいでいたり、衛生状態の悪さから病に苦しんでいたり、宗教上の理由で迫害を受けていたりする場合には、少なくとも短期的には、彼らの移動の自由は保障されてしかるべきだ。

他方で自分が帰属する社会において、仕事や文化的な機会などがある程度幅広く保障されている場合には、それでも国境を越えて移住したいという者の移動の自由には制約がかかることもある。そして、かかる制約があったとしても、その者の個人的な利益が侵害されたことにはならないのである。そうだとすれば、国内における移動の自由を理由に国境を越える移動の自由を正当化しようとする議論も、いささか説得力にかけるのではないだろうか。

3　国境規制論

　続いて国境規制論に目を転じよう。入国管理は国家主権に不可欠な要素だが、これまで述べてきた国境開放論は、国家による入国管理の正当性に疑問符を付し、国家はリベラルな観点から移民を受けいれるべきだと主張するものであった。逆に国境規制論は、国家による入国管理には正当な理由がありうることを示し、国家が移民の受けいれを管理できることの規範的な重要性を主張しようとするものである。

　国境規制論は、「集団的自己決定」（collective self-determination：以下、「自決」とする）の価値に訴えつつ論じられることが多い。けれども、どういう観点から自決の価値を擁護するかをめぐって、論者によって違いがみられる。以下では、国境規制論に関する現代の代表的な議論を概観しよう。

（1）自決の核としての「成員資格」の決定

　「リベラル＝コミュニタリアン論争」において、コミュニタリアニズムの立場に立つマイケル・ウォルツァーは、政治共同体の一員であるとはどういうことなのかを明確に理論化し、その観点から国家が移民の受けいれをある程度管理できるのは当然のことだと論じた最初の理論家の１人である。

　ウォルツァーは著書『正義の領分』において、財の配分の原理のあり方は多元的であり、社会に固有の原理にもとづいて財が配分されるべきだと主張した。彼によれば、当の社会にとって最も重要な財は「成員資格」（membership）である。「成員資格」にもとづいて、誰に他の財が割りあてられるかが決まるからだ。ウォルツァーによれば、

　　われわれが互いに分けあたえる第一の財は、ある人間共同体のなかの成員資格である。成員資格に関してわれわれのなすことが、配分に関わる他のあらゆる選択を構造化する。われわれが誰とそれらの選択を行うのか、誰から服従を得て、誰から税金を徴収するのか、誰に対して財やサービスを割りあてるのか。こういうことを決定するのが成員資格なのである（ウォルツァー　1999）。

ウォルツァーがいうには、「成員資格」はその共同体の集団としての解釈を
もとに構成されており、それにもとづいて配分される。そして重要なことに、
「われわれ」には「成員資格」がすでに与えられているのである。実質的に問題
になるのは、「異邦人」に、どのような基準で「成員資格」を与えるかである。

　なぜ「成員資格」の決定が共同体にとって重要なのか。それは「政治共同
体」の性格による。「政治共同体」と「隣人関係」を比べてみよう。隣人関係
とは「法的強制力のある受けいれ政策をもたないつきあい」だとされる。つま
り、それは出入り自由であり、場当たり的で無作為な関係性である。ところが
政治共同体とはそのようなものではない。

　政治共同体は、その構成員がお互いに、教育や医療や福祉などといった財を
提供する重要な役割を負う。つまり、政治共同体の構成員は、互いになんらか
の義務を共有しつつ、共同体の長期的な安定と存続のために各人がなんらかの
貢献するのである。ウォルツァーによれば、このような社会的協働の理由は、
出入りが自由な共同体においては生じえない。ゆえに、共同体の構成員は、そ
の共同体にある程度拘束されている必要があるのだ。ウォルツァーは、次のよ
うに述べる。

　　入国許可と排除は共同体の独立の核をなし、それらは自決の最も根本的な意味を示
　唆する。かかることを決定できなければ、特性をもった共同体などありえない。つま
　り、それらがなければ、歴史的に安定しており、お互いに特別な信奉を有し、共同生
　活に関する特別な感覚を備えた同時代の人びとからなるアソシエーションなど存在し
　えないのである（ウォルツァー　1999［傍点は原文］）。

（2）ナショナルな文化の規範的重要性

　以上のようなウォルツァーの議論を「ナショナルな文化」や「ナショナリ
ティ」を軸にしてさらに深化させたのが、デイヴィッド・ミラーである。ミ
ラーは、ネイション集団（nation / national cultural group）は、その固有性を維持
するという観点から、当の領土と集団としての生活様式を管理する権利の一部
として、入国管理権を有するという。では、ミラーのいうネイションとは何で
あろうか。

　ミラーによれば、ネイションとは次の５つの特徴を備える固有の集団であ

る。すなわち、ネイションとは、(1)共通の信念や相互の信奉によって構成され、(2)歴史的な広がりをもち、(3)特徴的に活動し、(4)特定の領土と結びついた、(5)固有の「公共文化」によって他の共同体と区別された共同体である。こういうネイション集団が入国管理権を有する理由を、主としてミラーは2つの関連する観点から説明する。第一にネイションと領土との結びつき、第二に、リベラルな政治制度の安定的な維持である。

ネイションと領土との結びつきについての詳細は次章で触れているので、ここでは簡単な紹介に留めておくが、ミラーはネイションの構成員と彼らが暮らす土地とのつながりを文化的な価値の観点から説明する。すなわち、人びとはその土地で生活を営みながら、自分たちの文化をその土地に適応させていく。たとえば、気候が暑いか寒いか、領土が内陸にあるか海に面しているかで、その地に住む人びとの営みは変わってくる。

また、人びとは自分たちの「文化的価値」に従って領土を変容させていく。そういう人びとの「労働」によって、その土地には経済的価値のみならず、固有の文化的価値が備わるのであり、ゆえに、そのような価値を保全していくには、その土地の境界を定め、そこを自律的に管理できなければならない。そういう観点から、誰がネイションの一員となりうるかという点についても、ネイションはみずからが管理できてしかるべきなのである。

第二に、リベラルな政治制度の安定的な維持・存続という点でも、ネイションが移民の受けいれをある程度管理できることは極めて重要である。この点はすでに第2章で触れているが、ミラーらリベラル・ナショナリズムの理論家によれば、リベラルな政治制度が、自分たちの文化や伝統や価値観などの集積である「公共文化」や「社会構成文化」を基盤に構築されているからこそ、人びとはその政治制度を「われわれの政治制度だ」と思い、愛着をもってそれを共同で担っていこうと考える。

人びとに福祉を提供する社会正義の制度枠組みについて考えてほしい。社会正義の原理は相互扶助の感覚にもとづいているが、なぜ・どこまで・どのようにお互いに助けあうべきかという原理は、ある程度道義的に拘束された人びと同士の連帯意識や信頼感に多くを負っている。つまり、彼らに共通する感覚の集合としての「文化」によって、相互の義務などは決定されていくのである。

簡単に離脱可能な社会ではそれがむずかしい。みずからが果たすべき義務を放棄して、社会からいつでも自由に出てゆけるのであれば、社会正義の原理を機能させるうえで不可欠な相互に助けあう動機を欠くことになり、人びとのあいだに仲間意識や信頼感も醸成されにくい。

　したがって、人びとの社会的協働の枠組みが安定的なものであるには、「公共文化」が安定しており、人びとがその発展の方向性をある程度管理できることが極めて重要である。だが、国境開放政策を実行すれば、何千万もの新たな移民が入国する事態がもたらされる。もし一度に大量の移民が押しよせれば、彼らの社会統合を手助けする制度の対応能力を越え、それがうまく機能しなくなるだろう。そうなれば、政治社会の構成原理を担う人びとの連帯意識も損なわれ、最悪の場合には、リベラル・デモクラシーの政治枠組みが安定的に存続できなくなるだろう。したがって国家には、リベラルな観点からして、既存のナショナルな文化を安定して維持・存続させるために、移民の受けいれを制限する正当な権利があるのだ。

（3）結社の自由

　ウォルツァーやミラーと同様に、クリストファー・ウェルマンも、「自決」という観点から国家の入国管理権を正当化する。ただし、ウェルマンはそれを「結社の自由」の観点から論じる。そもそも自決する主体である集団としての「自己」とはどういう存在であるかを決定できなければ、自決など不可能だからである。

　人は、誰と友達になるかとか、誰を結婚相手とするかなどについて、誰からも強制されるいわれはない。それは自分で決めるものだ。個人にはこういう「結社の自由」がある。この自由が成立するためには、誰と友達になるかだけでなく、誰と友達にならないかを決定できなければならないはずである。これは集団レベルでも同様であろう。ウェルマンによれば、

　　人びとが集い、なんらかの集団を作る際に、ある者をその集団に入れたくないと思うことはよくあるだろう。サッカーをする目的で集まったところに、野球やテニスをしたいという人びとを迎えいれなければならない、などということはありえない。その集団がその構成員の目的に適うには、むしろこういう排除の権利を行使できてしか

るべきだ（Wellman 2013）。

　個人や集団が自決するうえで、結社の自由が重要であるのならば、国家が自決するうえでもそれは同様である。国家に結社の自由がなければ、自分たちのあり方を決定する権利の重要な一部が損なわれてしまう。したがって、部外者を政治社会の一員として認めるか否かを自由に決定する権利がなければならない。ゆえにウェルマンは、個人が誰と結婚するかを決める権利があるように、市民には誰を政治共同体に招きいれるかを決める権利がある、と主張するのである。

（4）国家的な制度枠組みの共同所有権

　いまひとつ、人びとの自決を可能にする国家的な制度枠組みの共同所有権という観点から、ネイション集団には入国を管理する正当な権利があると主張する者もいる。ここでは、ライアン・ペヴニックの議論に触れておこう。

　ペヴニックによれば、ネイションとは、国家という公共の制度枠組みの所有権を集団として共有する集団である。そのうえでペヴニックは、家族経営の農場の所有者のたとえを持ちだす。

　家族経営の農場において、そこに生まれ落ちた各人は、家族の一員として、農場を共に所有し経営する者として、農場の管理に共同で携わることになる。ジョン・ロックがいうように、その農場の価値は、その所有者たちが農地に労働を投下して、農地を改変してゆくことによって生じるのであり、その成果は、労働を投下した当の家族に帰属すべきだ（いわゆる「労働所有説」）。

　ペヴニックは、国家も基本的にはこれと同じように考えられるだろうという。国家的な公共の枠組みは、あるネイション集団に生まれ落ちた各人が、過去から引き継がれ将来につながる歴史的な事業に共同で携わることで維持される。基本的なインフラ、防衛、効果的な市場の確立と維持、教育システムなどは、当のネイションの成員が労働を投下したり、投資を行ったりして整えてきたわけだから、そのような公共の枠組みはネイション集団のものである。

　そうだとすれば、ネイション集団は、共同所有者として、その公共の枠組みをどのように使用するか、誰が利益を得るのか、あるいはその枠組みは誰に引

き継がれるのか、といった決定にある程度の裁量権をもつべきである。いいかえれば、誰が国家的な枠組みの共同所有者であるかどうかは、当の共同所有者がある程度決めることができてしかるべきだ、というわけである。

（5）批判的検討――自決は入国管理をただちに導くか

ここまで「自決」という価値に訴えかけて国家の入国管理を正当化しようとする４つの議論を概観してきた。ウォルツァー、ミラー、ウェルマン、ペヴニックの議論は、それぞれ論じ方が異なる。だが、彼らは総じて、国家（ネイション）が自決できるためには、まずもってその構成員が誰であるかを決定できなければならないという観点から、国家の入国管理権を正当化する。

彼らの議論をどのように評価すべきだろうか。実際に、個々の議論に対してさまざまな批判が投げかけられている。ここでは、各論に立ちいるのではなく、もう少し俯瞰的に「自決」そのものからただちに入国管理が正当化されるか、という点に着目して検討しよう。

実のところ、国家の自決権からただちに国家の入国管理権が導かれるのかどうかはよくわからない。ジョン・シモンズによれば、（自由に対する個人の権利と同様に）自決に対する国家の権利には、自己を決定する過程で他者を不当に処遇する権利は含まれない。つまり、たとえば国家は、自決の名のもとに、無辜の隣人を併合したり追放したりしてはならない。だとすれば、国家には自決権があるということと、国家には自国民以外を排除する権利があるということとの関連性は、自明であるとはいいがたいだろう。

そうであれば、自決権があるからといって、国家には入国管理権があり、移民希望者を一方的に排除する権利がある、というのはやや拙速な議論のように思われる。国家が入国管理権を行使することによる影響を実際に受けるのは、国家の内部の市民ではなく、異邦人だからである。

この点に関連して、アラシュ・アビザデは次のように主張する。国家が入国管理という強制力を行使しようとすれば、少しでも入国しようとする者は、ただちにその強制力の影響下に置かれることになる。それゆえ、国家の強制力は、実際に積極的に入国しようとする者のみならず、事実上世界中のあらゆる人びとがその影響を受ける。ここで、自由民主主義国家において、強制力の行

使はその影響のもとにあるあらゆる人びとの民主的な正当性にもとづいていなければならない点を思いおこすべきだ。

　そうすると、国家が入国管理を実行するには、原理的には、事実上全世界の人びとを包摂するような規模における民主的正当化を必要とすることになるだろう。つまり、ある国家における入国管理が正当であるかどうかは、その国家の市民だけでなく、入国しようとするあらゆる人びとが理解し納得できるものでなければならないのだ。ゆえに、アビザデによれば国家の国境管理体制は、国境が市民と異邦人の両方に向けられた実際の正当化を受ける国際的かつ民主的な制度がある場合にしか、正当性を獲得することができないのである。

　このことが正しければ、4者の議論はいずれも、当の国家（ネイション）の内部における理屈だけにもとづいて入国管理権は正当化できると想定している点で不十分だといえるかもしれない。入国管理の影響を受けるのは、国家の市民ではなく、入国を希望する異邦人なのだから、入国管理は内部の者に対してのみならず、異邦人にとっても正当化できるものでなければならない。いいかえれば、入国管理権の正当性は国家の内部からだけでなく、外部からもなんらかの形で調達されねばならない、というわけである。アビザデの議論は、少なくとも、国家の入国管理権は国家の自決権からただちに導かれるわけではない、と指摘している点で極めて重要であろう。

　とはいえ、アビザデのいうように、異邦人に対する権力行使の正当化は、内部の者に対する正当化論拠と同じものでなければならないのだろうか。入国管理の正当化という点で内部の市民と外部の異邦人を同じように処遇する必要があるのだろうか。この点には疑問符が付されるかもしれない。

　たとえばミラーは、アビザデの批判に応えて、移民希望者が入国を拒否されたとしても、その者は国家によって「強制」されたわけではないと主張する。ミラーによれば、異邦人は「強制」の対象ではなく「予防」の対象なのである。この批判の要点は、「予防」の正当化要件は「強制」のそれよりもはるかに少ないということだ。つまり、国家が国内の市民に対して負う正当化論拠と、異邦人に対して負う正当化論拠は程度が異なるのである。

　国境が閉ざされることによって異邦人が受ける強制は、当の市民が受けている国家による強制とは全く異なる。そうだとすればむしろ、市民と異邦人を同

じように処遇すべきでなかろう。排除された人びとは確かに不利益を被ったのかもしれない。けれども、国家は何も単純に国境を開くとか、あるいは当の社会に政治参加できるようにするといったことまでしなくとも、別の方法で不利益に対処できるのである。

4　正義は国境開放を要求するか——頭脳流出という問題

　さて、ここまで移民の「受けいれ」にまつわる政治哲学者の論争を概観してきた。しかしながら、国境を越える移住をめぐる問題は「受けいれ」に関するものだけに留まらない。そもそも移民を受けいれる事態が生じるには、当人がもともといたところから「出ていく」という事態が生じているはずだ。人びとが自国から出ていくこと、つまり「出国」や「退出」については「受けいれ」にまつわる問題ほど耳目を集めてこなかったが、近年になって、特に「頭脳流出」（brain drain）が引きおこす懸念などとの関係で改めて着目されるようになってきた。

　貧困国から多くの人びとが機会を求めて移動することができるというのは、その人びとにとっては望ましいことなのかもしれない。だが、よくよく考えてみれば、それでよかったといえるのかどうか、甚だ疑問である。誰しもが簡単に生まれ育った社会を離れて別の社会に移住できるわけではないからだ。移住するにはそれなりに「資源」が必要である。ここでいう「資源」とは、金銭的な元手だけでなく、言語や文化などにかかわるさまざまな困難を乗りこえられることができる能力までも含む。これらの「資源」をもつ者は、特に貧困国においては、国づくりを担う「エリート」である場合が多いだろう。だとすれば、貧困国から先進国へは、実のところ移動できる「資源」を有するエリートだけが移動し、そういう資源のない者は取り残されることになってしまう。それは、移民を送りだす社会からすれば好ましくない。

　特に深刻なのは、医療従事者の頭脳流出である。たとえばある調査によれば、2000年にガーナでは250人の新しい看護師を育成したが、500人の看護師が国外に移住してしまった。マラウイでは、2002年だけでも、75人の看護師がイギリスに流出しており、これはマラウイに住む全看護師の12％に相当する。

なぜ医療従事者の移動が問題なのか。それは第8章で論じるグローバルな健康格差のさらなる拡大につながるからであるが、本章の文脈でいまひとつ指摘しておきたいのは、いわば「人権保障のジレンマ」という状況を引きおこすからである。先述のように、移動の自由は各人の重要な基本的人権の1つである。したがって、当人が善き生を構想するうえで、自国を出て別の国において医療に携わることが重要なのであれば、そのような選択を尊重すべきなのかもしれない。

　けれども、医療という貴重な財を提供できる者は限られており、もともと医療従事者が少ないところではなおさら、彼らが他国に出ていくことによって、送りだし国の医療衛生状態が悪化するおそれがある。このことは、残された人びとの「健康権」という基本的人権の侵害につながる（健康権についての詳細は、第8章を参照）。つまり、医療従事者の移動の自由という基本的人権を尊重すれば、残された市民の健康権が損なわれ、その市民の健康権を尊重すれば、医療従事者の人権が保障されないというジレンマに陥ってしまうのだ。

　このジレンマを解決するのは非常にむずかしい。そもそも、出ていくことがそこまで問題なのかという議論もある。たとえば、出ていった人びとが、別の場所で生計を立て、そこでの収入の一部を自国に送金することも考えられる。そのことは送りだし国を豊かにすることにつながる。それは確かに一理ある。とはいえ、医療従事者は育成するのに多大なコストと時間がかかる。彼らは簡単に代替可能な人材ではなく、もともと医療衛生状態がよくない国々において、医療従事者を一人失うことは、先進国で医者が一人減ることに比べて、はるかに社会的な影響力が大きいだろう。

　こういう問題を解決する1つの方策として、「バグワティ税」は有効かもしれない。「バグワティ税」とは、かつてインドの経済学者ジャグディシュ・バグワティが、頭脳流出によって送りだし国が被る負担を相殺するために考案した税金である。それは、途上国から先進国に移住した者の課税所得に少額の課徴金を課すというもので、バグワティの原案では、国連のような国際機関が徴収・管理し、送りだし国に適切に再分配することになっている。確かにこのような形で、医療従事者を失った送りだし国に対してなんらかの補償がなされれば、送りだし国の医療衛生状態の悪化をある程度食い止めることができるかも

しれない。

　いずれにせよ、最後に確認しておきたいのは、国境を越える移住や移民というと、われわれは「受けいれ」のほうばかりに着目しがちである。確かに「受けいれる」ことが多くの問題を引きおこすというのはそのとおりだ。しかしながら、「出ていく」ということも同じくらい多くの問題を引きおこす。そしてそれは、上で挙げたような貧困国にとってだけの問題ではない。たとえば、我が国でも、特に優秀な層は、国内の難関大学ではなく、海外の著名な大学に進学してしまうようだ。そういう彼らが今後どれくらい、自国で働き、自国のために貢献してくれるのだろうか。もし優秀な層や優れた技術や技能をもつ人びとがどんどん国外に流出してしまった場合に、我が国の国づくりは誰が担っていくのだろうか。頭脳流出という問題は決して「対岸の火事」ではないのである。

5　おわりに

　本章では、国境を越える移住について、国境開放論と国境規制論とのあいだの論争を軸に、政治哲学者の議論を整理した。

　「コスモポリタン＝コミュニタリアン論争」が最も先鋭的に表れるのが、国境を越える移住の問題であるといってよいだろう。結局のところこの論争は、次の2つの世界秩序構想のうち、どちらのほうがより望ましいのか、という点に帰着するように思われる。すなわち、一方で、国境線が取り払われた、一見すると開放的な空間において自由な移動を享受する人びとが、混ざりあいながら共存するような世界（雑居型）と、他方で、人びとが、みずからのルールのもとで暮らすことや、みずからの文化的信念に従って暮らすことに大いに価値を置き、移民という選択肢を極力とらずとも、みずからの肌になじんだ環境において多様な善き生の構想を自由に探求できる世界（棲み分け型）である。

　コスモポリタニズム的な雑居型が望ましいのであれば、国境という垣根は撤廃されるべきであり、人びとは移動の自由を大いに享受できるべきであろう。他方で、コミュニタリアニズム的な棲み分け型が望ましいのであれば、国境線は維持され、諸種の政治共同体はある程度の「閉鎖性」をもっていてしかるべ

きであろう。

　国境を越える移住は、現代世界において対処すべき喫緊の課題の1つである。ただし、われわれはこの問題を、単に移民を受けいれるか否かという事象だけに留まらず、上記のどちらの世界を目指すべきかという点を念頭に置いて、規範的に考察すべきである。

○ Further Topics 5　　難民の政治哲学

　本章で取りあげた移住は、基本的に「機会を求める移住」や「経済的移住」といわれるものであり、本人の自発的な選択にもとづく国境を越える移動である。だが、当然ながら人びとが国境を越えて移動するのは何も自発的な理由からだけではない。自然災害や紛争などによって、残念ながら自国を離れざるをえない人びともたくさん存在する。主としてアフリカや中東地域からヨーロッパ諸国を目指して、危険な移住を余儀なくされる難民は今も絶えない。移民船が難破して、地中海で大人や幼い子どもを含む多くの人びとの命が失われたというニュースを聞くと、非常に胸が痛むものだ。

　政治哲学は難民の処遇について、何を論じることができるだろうか。本章で取りあつかったような、入国管理の問題について、特に窮状にある難民の入国を認めるか否かという点については、実のところさほど異論はないように思われる。上で見たように、コスモポリタンとコミュニタリアンは、「移民」の入国管理については意見が分かれる。だが、強制的に移住を迫られている者については、リベラル・ナショナリストでさえ、普遍的な正義の要請として、国家には、本来住まう土地において基本的権利が侵害され脅威にさらされている「難民」を受けいれる「一応の」人道上の義務があることを認める。そういう意味では、難民の処遇について、受けいれそのものの是非については、さほど大きな論争があるわけではない。

　ただし、入国管理とは、単に受けいれるか否かというだけでなく、受けいれた後にその人にどのような地位を付与するか、という問題までも含む。コスモポリタンとコミュニタリアンは、この点では大いに対立する。一般にコスモポリタンは、難民を受けいれ、彼らを自国の市民として処遇する義務があると主張するし、また仮に短期的な滞在になるとしても、その間の彼らの処遇にまつわる権利などを確立すべきだと論じる。他方でコミュニタリアンは、難民に対しては、「一時的な避難所」を提供するだけに留めるべきであり、むしろ彼らがなじみ深い土地に早期に帰還できるように努めるべきだと論じるのである。

　ここで、強制的な移住の問題として1つ付け加えておきたい。それは、気候変動を要因とする海面上昇によって水没する島嶼地域や低地の人びとの処遇である。彼

らは気候変動によって故郷を失ってしまうおそれが大いにある。こういう「気候難民」（climate refugees）をどのように処遇すべきであろうか。これから多くの人が「気候難民」になってしまう可能性があるなかで、彼らを受けいれる義務をどのように世界の国々で分担すべきだろうか。紛争などにおける難民と気候難民の決定的な違いは、彼らは物理的に祖国を失うのであり、彼らには文字通り「帰るところがない」のだ。どこかの社会が彼らをその社会の一員として受けいれなければ、彼らは暮らしていけないのである。

　「気候難民」の処遇は、避けられない気候変動に「適応」するコストをどのように分担するかという点とのかかわりで、とりわけ先進諸国が真剣に考えなければならない喫緊の課題なのである。

【文献案内】
Parekh, Serena. *Refugees and the Ethics of Displacement*. New York: Routledge, 2017.
Owen, David. *What Do We Owe to Refugees?* Cambridge: Polity Press, 2020.

第6章

領　　土

1　はじめに

　近年、「領土」にまつわる問題がニュースになることが多い。2022年2月に勃発したロシアとウクライナとのあいだの紛争は、ウクライナ東部のロシア系住民が多いとされるドネツク、ルガンスク、ハリコフの3州の住民の保護および併合が争点であり、さらにいえば、この紛争は2014年2月にロシアが行ったクリミア半島の併合とも密接にかかわっている。

　領土をめぐる紛争は、世界中で散見される。たとえば、イスラエルによるヨルダン川西岸地区とガザ地区占領をめぐる紛争、ナゴルノ＝カラバフの帰属をめぐるアルメニアとアゼルバイジャンの紛争、スーダンと南スーダンとのあいだのアビエイ地区の領土権争い、西サハラの領有をめぐるサハラ・アラブ民主共和国とモロッコとのあいだの紛争、カシミール地方の帰属をめぐるインド、中華人民共和国、パキスタンの紛争などはその代表的な事例であろう。さらには、既存の国家からの分離独立についても話題に上がることが多い。

　近年では、2014年にカタルーニャおよびスコットランドが、それぞれスペインとイギリスからの分離独立の是非を問う住民投票を行ったことは記憶に新しいだろう。その他にも、カナダにおけるケベック州、ベルギーにおけるフランドル地方、スペインのバスク地方、トルコやイラクなどにまたがるクルド人居住地域など、分離独立をめぐる争いは世界中で枚挙に暇がない。もちろん、我が国もご多分に漏れず、隣国とのあいだで、北方領土、尖閣諸島、竹島の領有をめぐって、しばしばいざこざが生じている。

　かかる紛争の中心にある「領土」とは何だろうか。もう少し正確にいえば、地表のある特定の部分について、「ここはわれわれの領土である」ということがなぜいえるのだろうか。たとえば、かつてある政治家が「日本列島は日本人

のものではない」というような発言をしたが、仮にこの発言に疑問を抱いたとしても、では「日本列島は日本人のもの」である理由を明確に答えられるだろうか。

　19世紀ドイツの法学者ゲオルク・イェリネックは、「領土・人民・主権」という国家の三要素を規定したことで有名である。このうち政治哲学は、「人民」とは誰なのか、あるいは「主権」とは何であるか、という問いには大いに取り組んできた。一方で、「領土」については、ある意味では所与のものとされ、考察の対象になってこなかった。かつてイギリスの哲学・倫理学者ヘンリー・シジウィックは『政治の諸要素』において「政治社会とその領土との結びつきは、両者の概念がほとんど混ざりあうほどに密接である」と述べたが、それから100年以上たっても、学術的な論争状況はさして変わっていない。

　領土にまつわる問題とは、上で述べたような、「この領土は誰のものであるか」という帰属の問題だけにかぎらない。それは、領土内の資源を管理すること、国境を越える人や物の流れを管理すること、外部からの侵略から自国を防衛することなどとも密接にかかわる。こうしてみると、現代の国際問題や国際紛争の多くは、実のところ「領土」に関連する問題なのである。

　ゆえに、現代世界で生じている問題について考察しようとすれば、領土に関する考察が不可欠である。とりわけ、地表のある特定の部分について、自分たちの「固有の領土」であるとなぜいえるのか、その権利要求の正当性はどこにあるのか。政治哲学はかかる問題に取り組まねばならないのだ。

　こういうことを踏まえて、本章では、「領土」に対する権利要求、すなわち「領土権」の正当性について、政治哲学においてどのように論じられてきたのか、その論争状況について、代表的な理論的な潮流に触れながら概観していこう。

2　「領土権」とは何か

　領土権の正当化論について論じていく前に、そもそも領土権とはいかなる権利なのかについて触れておきたい。実のところ、政治哲学者のあいだで、領土権についての明確な定義は存在しないどころか、それをどのようなものとして

理解すべきかについては論争があるのだ。ただし、一般に領土権とは、少なくとも次の3つの要素を含むものだという点については、ある程度の合意があるといってよいだろう。

第一に、領土に対する「管轄権」である。すなわち、当該の領土全域にわたる法を制定し、執行する権利である。ある国家がある地域に対して領土権があるという場合、当該地域に居住する者には、その国の法制度が適用され、法に反した場合には、罰せられるおそれがあるのだ。領土権には、当の領土内のあらゆる人びとの行為を強制的に規制する権利が含まれる。領土内の人びとに課税したりする権利もこのなかに含まれるといってよいだろう。

第二に、「資源管理権」である。ある国家がある地域に対して領土権があるということは、その領土内に存在する利用可能な資源を支配し管理できる権利を有する。領土内の私有されていない土地であったり、あるいは領土内に存在する天然資源は、その国家の所有物であり、当の国家が自由に利用・管理できるのである。

第三に、前章で取り扱った「国境管理権」あるいは「入国管理権」である。ある国家がある地域に対して領土権を行使できるとすれば、領土の境界を越えて、人や物が出入りすることを管理できなければならない。

これ以外にもたとえば、国家は市民権の内容などを制定できることから、領土内の人びとの地位やそのあり方について決定する権利をもつ。あるいは国家は領土内の人びとを不当な侵略から保護する権利がある。こういうことも領土権に含まれるという論者もいる。だがいずれにせよ、多くの論者によれば、領土権は上記の「管轄権」「資源管理権」「国境管理権」の3つの要素を含むものである。

この領土権の3つの要素は、それぞれ別個のものなのだろうか。たとえば、国家が管轄権をもっているとすれば、その領土内の資源の利用について法を制定して管理する権利があるというふうに考えられる。そうだとすれば、「資源管理権」は「管轄権」の一部であると考えてもよさそうだ。あるいは、管轄権は、人や物が国境を越える際の規則を制定する権利も含むとすれば、「国境管理権」も「管轄権」の一部だといえるかもしれない。

ただし、では領土権とはつまるところ領土に対する「管轄権」なのかという

と、そうはいいきれない面もある。まず、「管轄権」とは主として人に対して行使される権利であり、国家が制定する法は、領土内の人びとの行動や活動にかかわるものである。他方で、「資源管理権」とは、資源という物理的に存在する物に対して行使される権利である。それは「管轄権」というよりは「所有権」に近く、部外者が当該資源を奪ったり支配したりすることを防止する権利である。また、前章でも少し触れたように、「国境管理権」とは、主として人に対する権利であるが、それはすでに国境のなかにいる「市民」ではなく、領土の外にいる人びとに向けて行使される権利である。ゆえに、「管轄権」、「資源管理権」、「国境管理権」の３つの要素は重なるところもあるが、すべてを「管轄権」と同義であると理解することもできないのである。

　さらにいえば、これら３つの要素がすべて含まれていることが領土権の絶対的な要件であるかどうかさえ、実のところはっきりしない。たとえば、地球の資源は人類の公共財であり共有財産であるという考え方がある。この考え方からすれば、国家は、自国の管轄領域内に存在する資源について、排他的な権利を行使することはできない、ということになる。当の国家がその資源を利用するには、なんらかの合意にもとづいたり、あるいは使用料のようなものを支払わなければならないかもしれない。

　このように、国家は領土に対する「管轄権」はもつけれども、「資源管理権」はもたないと主張できるであろう。同様に、国家は領土に対する「管轄権」はもつけれども、「国境管理権」はもたないとも主張できるかもしれない。したがって、領土権とはどのような内容の権利であるかという点については、いまだに論争的なところが多いのである。

3　領土権の正当化論

　以上のような内容を含む領土権を正当化する理論として、以下ではその代表的なものを整理して紹介しよう。まず、領土権を保有する主体は国家であるとする議論を「国家主義」と呼び、国家以外の主体も領土権をもちうるという議論を「非国家主義」と呼ぶ。このように領土権の正当化論は大きく２つに分けられる。

「国家主義」は、より具体的には国家の「機能」に着目する議論であって、国家のどういう機能に着目するかによって、議論の内容も異なる。ここでは、国家の「秩序維持」の機能に着目する議論として「功利主義」を、国家の「正義の実現」という機能に着目する議論として「カント主義」という2つの議論を紹介する。

　「非国家主義」的な議論はさまざまあり、個人やネイションなどさまざまな主体が領土権を保有しうると考える。以下では、ロック的な所有権にもとづく議論、文化的ナショナリズムにもとづく議論、集団的自己決定（自決）にもとづく議論の3つの領土権の正当化論について概観しよう。

（1）国家の「機能」にもとづく議論

功　利　主　義

功利主義者であるシジウィックは、その観点からいち早く国家の領土権を正当化しようとした。功利主義者らしく、その正当性の基準は、国家が領土内の土地、資源、人民を適切に管理することで、効果的に社会秩序が維持されるかぎりにおいて、国家はその領土に対する領土権を正当に主張できる、というものである。彼によれば、

> 　個人または集団が土地を独占的に使用することを正当化する主な理由は、そうしなければ生産手段としての土地の利点を十分に生かすことができないからだ。領土が政府に割りあてられる主な理由は、それ以外の方法では、領土を使用する各人がお互いに危害を被らないようにすることが、なかなかむずかしいからだ（Sidgwick 2012）。

　これは極めてわかりやすい考え方だが、領土紛争や境界紛争に適用できるかどうかはやや疑問である。たとえば、ある領土において、2つの主体がその領有をめぐって争っている場合、両者共に社会秩序の維持という機能を効果的に果たすことができるとすれば、どちらに領土権があるといえるのだろうか。実際にシジウィックは、当の領土に対して、許容できるほど効果的かつ継続的な政府支配を行使しているかぎり、領土権はいかなる国家にも与えられるとしており、それ以上の基準を示していない。

　この点は領土権の正当化論としては致命的である。なぜなら、領土権を考察するうえで重要なのは、たとえば、我が国はなぜこの地表のどこかに対して領

土権を有するのか、ということではなく、我が国はなぜ日本国だとされる地表の特定の部分に対して領土権を有するのか、ということだからである。ジョン・シモンズはこれを「個別性の要請」と呼ぶ。なぜ特定の領土と特定の国家が結びつかねばならないのか。この個別性の要請に応えられないかぎり、領土権の正当化論としては極めて脆弱である。

　また、シジウィックのような議論では、武力による征服や侵略による領土取得が正当化されてしまうおそれもある。ある強国が自国以外の領土に武力をもって攻め込み、そこを併合して、植民地化したとしても、たとえば、その国家が植民地経営に励み、植民地の住民の物質的利益を十分に保護し、効果的に社会秩序を維持している場合には、その植民地支配は正当化されてしまうのである（シジウィック自身、そのことを肯定している節がある）。

　要するに功利主義者の議論は、領土内に秩序をもたらすという国家の「機能」に着目し、そのかぎりにおいて、当の国家の領土権を正当化するものだといってよい。だが、そうだとすれば、当の国家はその機能を果たすことができるかぎりで、いかなる国家であろうとも、原理的には地表のあらゆる部分に対して領土権を請求できるということになる。これは直観に反するかもしれない。

| カ ン ト 主 義 |

そのような功利主義の問題点は、カント主義的な見方を取ることによって解決されるかもしれない。イマヌエル・カントは功利主義者と異なり、ある国家が、当該領土内において、「正義を欠いた状態」から、人権や法の支配の実現などをとおして正義を達成できるかぎりにおいて、その国家は正当な政治権力を行使できると考えるからである。植民地の支配者は、たとえそこにおける効率的な秩序を実現したとしても、植民地化した人びとを正当に代表することはできないのであって、カント的な観点からすれば、植民地支配者は領土権を主張できないのである。

　だが、カント主義的な議論にもいくつかの問題点がある。第一に、カント主義的な議論は、国家の「機能」に着目するという点では、功利主義と同じような議論である。そうであれば、カント主義的な議論は、功利主義と同じ問題に直面することになる。つまり、「個別性の要請」である。

　ここでカントは、経験的な事実として、人びとは言語的あるいは宗教的な集団に自然にまとまる傾向にあり、かかる文化集団の一員であることが、特定の

管轄領域を定義するのに役立つと指摘する。この点は実に興味深い。なぜなら、カントが、人は同じ言葉を話し、同じ宗派に属する人びとと政治的にかかわろうとするという極めて偶然からなる「近接性」の事実に訴えかけているということは、みずからの理論内在的には、この「個別性の要請」に対処することはできないことを意味しているからである。そうであれば、ある国家がある領域に対して領土権を主張できるかどうかは、まずもって「近接性」という前提のもとで、当の主体が正義を実現しているという事実をもって事後的に承認される、ということになる。

こういうような批判に対して、現代のカント主義者は次のように応答する。たとえば、アンナ・スティルツは、ある人びとが当該の領土に居住する権利、つまり「占有権」(occupancy right) をもっていることを明らかにすることで対応しようとする。ある人びとがその領土を正当に占有し、そこに居住しているという事実をもって、その集団が当の領土に対して領土権をもつことを正当化できるというわけだ。

スティルツによれば、以下の場合、人はある土地に対する占有権をもつ(Stilz 2011)。

(1) その者が現在そこに居住している、または過去に居住したことがある。
(2) その領域内に合法的に居住することは、当人の個人的な関係性の構造が保たれるうえで欠かせない。
(3) その特定の領域とのつながりは、当人がなんら責めを負うことなく紡がれたものである。

特に３つめの条件は、不当な侵略者による領土権の主張を認めない根拠となりうる。けれども、たとえば、これは不当な侵略や併合が行われた直後であれば有効かもしれないが、数世代経ってもなお、この議論は有効なのだろうか。たとえば、アメリカ合衆国の歴史は、ネイティブ・アメリカンにとっては負の歴史であろう。どう理屈をつけようとも、アメリカはネイティブ・アメリカンを追いだすことによって成立したわけである。では、現在のアメリカ人は彼らが現在住んでいる土地に対して占有権をもてないのだろうか。必ずしもそうはいいがたいし、仮にそうであれば、既存の国家の多くはその領土権を正当に主

張できないということになってしまうだろう。

　カント主義的な領土権の正当化論の２つめの問題点に目を移そう。カント主義的な議論からすれば、領土権を付与される国家は現状ほとんど存在しないことになってしまう。「正義の実現」という国家の「機能」をどのように理解すべきかという点と関連するが、いずれにしても、既存のいわゆる「破綻国家」や「失敗国家」あるいは軍事政権に支配された国家などは、領土権をもたないことになる。そして、自由民主主義的な国家でさえも、戦争を行ったり、人権を侵害する事態をしばしば引きおこしている。そういう意味では、現代世界において正義が達成されているとはいいがたいのであって、ゆえに、いかなる国家も領土権を主張できない、ということになってしまうのではなかろうか。

　この点について、現代のカント主義者たちは、正義の要件をある程度低く見積もることによって対応しようとする。レア・イピは、正義と民主主義を組み合わせ、「基本的人権を保護し、市民の民主的参加を保証する十分な機会を提供する能力」をもっていることをその要件であると考える。

　また、スティルツはイピよりもやや寛容な要件を示す。すなわち、国家は、基本的権利を保護し、人民に発言権を保障することによって、人民の名のもとに統治を行うことを可能にする法制度を整えていなければならない、という。だが、スティルツによれば、この「人民の名のもとに統治を行うこと」は必ずしも民主政治と同義ではない。彼女によれば、

　　(a)基本的権利を保護し、法の支配を確立し、(b)意味のある非民主的な形の政治協議と争いを提供し、(c)改革を志向する政府、すなわち、民主主義を支持する形で長期的に政治文化の改革を目指している非民主的な政府は、暫定的な領土権をもつといえる (Stilz 2011)。

（２）非国家主義的な議論

ロック的所有権にもとづく議論　ここからは、国家以外の多様な主体が領土権を保有しうるという議論に目を向けよう。まずは、ジョン・ロックの所有権論を敷衍する形で領土権を正当化しようとする議論を紹介しよう。この議論は主として次の２つに分けられる。すなわち、国家の領土権を個人の所有権の集合体であるとする個人主義的な議論と、集団的な所有権から領

土権を導く議論である。まずは個人主義的な議論から見ていこう。

　ロックは『統治二論』において、政治的権威が確立されることに先立って、個人が土地に労働を投入して土地を改良することで、その土地に対する所有権を獲得するという。したがって、ロックからすれば、国家の領土というのは、土地を所有する諸個人や家族などのつながりのあるものが集合することで、形作られるものだ。ロックによれば、自然状態における個人は、多数決に同意し、（自然法の範囲内で）法に従い、法を支持し、そして、社会が管轄する領土に自分の正当な土地所有権を組みいれることに同意するのである。

　　同じ法律により、何人も、以前は自由であったその人物をいかなる連邦にも結合させ、同じことにより、以前は自由であったその所有物もまた連邦に結合させる。そして彼らは、それが存在するかぎり、連邦の政府と支配に服する、両者とも、人と所有物となるのである（ロック　2010）。

　このように考えると、正当な領土権は、自由な同意によって、個人とその土地が国家権力に服従することによって成立するのであり、政治的権威が生じる以前に、各人と土地を結びつけることができる。

　だが、このような議論からすると、政治社会の領土的な連続性が担保されないことになってしまうおそれがある。当の土地を管轄する政治的権威が正当であるためには、その土地の所有者個人の同意が必要なのだとすれば、ある土地の所有者は政治的権威に同意するが、別の土地の所有者はそれに同意しないこともありえるのであって、同意を調達できない土地については、政治的権威がおよばないことになってしまう。あるいは当初は同意していた者も、のちに同意を撤回するかもしれず、国家の領土が虫食いのような状態になってしまうかもしれないのである。

　この点の評価はロック主義者のなかで分かれている。たとえば、リバタリアンのヒレル・スタイナーは、国家の領土がその構成員の所有する土地によって構成される以上、その者が、自国の一員であることをやめ、所有する土地をもって別の国家に帰属することを決めたとすれば、その決定は尊重されなければならない、という。他方で、シモンズは、人びとが政治社会を作ること、あるいは政治社会に参加することに同意するとき、その同意は通常、平和で安定

した社会のために必要なあらゆる取り決めへの同意と理解されるべきだ、と考える。ゆえに、国家のなかにひとたび組みいれられた土地は、各自の意志によって自由にその集合体から切り離す、ということは許されず、その土地の所有者はその後にわたって、その社会の一員としての義務に拘束される、というのである。

　だが、そもそもこのような個人の所有権から国家や集団の領土権は導きだせないと主張する者もいる。カーラ・ナインは著書『グローバル正義と領土』において、領土権というのは、各人の所有権の集合体なのではなく、集団が直接的に保有する権利だと主張する。このように論じることで、個人の所有権がどのように領土権と結びつくかという説明を回避できるのである。

　では、集団はどのように領土権を獲得するのか。ここでナインは先に述べたロックの所有権論に依拠しつつ、個人が労働によってなんらかの価値を加えることでその対象物を取得するのと同じように、集団も、当の土地に対して労働を投下し、そこになんらかの価値を付与することによって、その土地を取得する権利をもつようになる。集団は法を制定したり、執行したりすることによって、たとえばその土地を農地に改良し、その土地の資源を利用して、農産物を生産するようになるわけである。このような土地に対する価値の付与が、その土地の所有権の基盤となる。

　ナインによれば、領土権の担い手は集団であり「民主的な人民」である。確かに、上のような意味で土地に労働を投下するのは国家であるかもしれない。だが、国家は時として消滅してしまうこともあり、そうすれば領土権も失われることになる。しかしながら、国家という枠組みはなくなっても、それを下支えしていた人民まで消滅するわけではない。ゆえに、領土権は国家ではなく人民という集団にあると考えるほうが適切であり、そうすることで、たとえばある国家から特定の集団が分離独立する権利についても擁護可能となる、というのである。

　こういう所有権論に加えて、集団の領土権を正当化するいまひとつの条件がある。集団と土地との関係性に道徳的な価値が存在することである。ナインはその論拠もロックに求めている。すなわち、集団はその土地において正義を確立せねばならない。集団はその土地を各人の基本的ニーズを満たすように公正

に利用せねばならない。そして、集団が自律的に自己決定できるように土地を利用せねばならないのである。

　このようにみると、ナインの議論は所有の正当性という要素と、当の集団が土地との関係性において道徳的な機能を果たすかどうかという機能主義的な要素を併せもつものだといえよう。

領土権はその性質上、個人ではなく集団に、そして国家ではなく歴史文化的に継続性のある集団に基礎づけられるべきであり、そういう集団はネイションである。デイヴィッド・ミラーやタマール・マイゼルズはそのように述べて、領土権はネイションが担うものであると主張する。ミラーのネイションの定義については前章までにところどころで触れてきたので、ここでは繰り返さない。ミラーがいわんとするのは次のようなことである。すなわち、領土というものは長い時間をかけて受け継がれてゆくものであるため、その領土に対して権利を主張できる集団は、当の領土との結びつきのなかで集団としてのアイデンティティが紡がれ、それが長期的に後世に受け継がれていくような集団でなければならず、そのような集団は事実上ネイションだというわけだ。

　では、ネイションはどのようにして土地と結びつき、その結びつきを深めていくのだろうか。ここでミラーは、ロック的な所有権論を援用し、ネイションは土地に労働を投下し価値を付け加えていくことで、土地との結びつきを深めていくという。ネイションはその土地の物理的な特性（風土）に合わせて文化を育み、またその文化的な営みによって土地にはさまざまな改良や改変が加わっていく。そこには公共事業などをとおして生活インフラなどの物理的な価値が加えられるだろう。あるいは、文化的・宗教的な建造物を構築し、そこでさまざまな儀礼が行われることで、その土地には象徴的な意味が加わっていくこともあろう。ミラーやマイゼルズは、このような人びとと土地との相互的な関係性を通じて、自分たちのアイデンティティと自分たちが暮らす土地を不可分のものとすることで、ネイションは当該の土地に対する権利を獲得するようになるという。ミラーは次のように述べている。

　長きにわたって領土を占有し、そこに手を加え、現在でもその領土を保持している

ネイションについて考えてみよう。ここから不可避的に多くの帰結が生じるだろう。第一に、領土とその住民の文化とのあいだに相互作用が生まれる。社会が繁栄するには、文化はその領土に適合しなければならない。つまり、その土地の気候が暑さや寒さ、その土地に適しているのは狩猟なのか農業なのか、そこは内陸なのか海に面しているのか、などといったことがかかわってくる。だが同様に、ほとんどの事例においても、領土というのは、時代を経るにつれて人々の文化的な優先順位に従って形作られていく。区画整備がなされたり、田畑が作られたりするだろうし、灌漑もなされるだろう。また、村や町や都市が作られるだろう。その結果、土地の景観は見違えるほどに変わっていくだろう。生活の領土の物理的制約に適応させ、また共通の目的を追求するために多かれ少なかれ土地に手を加えてきたという意味で、その領土は人々の故郷となる（ミラー 2011）。

こういう議論はもっともだと思われる一方で、いくつか腑に落ちないところもあるだろう。以下に２点指摘しておきたい。第一に、ミラーやマイゼルズは、ネイションという文化的な集団が自分たちの土地に手を加えていくことによって、土地との結びつきを深めていくと論じ、ネイション・文化・領土という結びつきが、ネイションが当該領土に対して権利をもつ根拠となるという。だが、そうだとすれば、未開発の土地については、ネイションは領土権を主張できないことになりはしないだろうか。たとえば、ネイションの領土のなかには、誰も居住していない無人島などが含まれる場合もある。この無人島やほとんど人の手が介在していないような秘境や奥地などについては、ナショナリストの議論からすれば、領土権を主張できないということになる。つまり、ナショナリストの議論は、いわゆる既存の国家などが保有する「包括的な」領土に対する権利の根拠を説明できないのではないか、という批判である。

さらに、より重要なのは、なぜネイションだけが領土権を有すべき主体なのかという点の根拠があいまいだという批判である。繰り返すが、ミラーやマイゼルズは領土権の根拠を、当の土地をネイションが手を加え改変してきたという点に求める。だがそうだとすれば、たとえば何も領土権はネイションだけがもつものではなく、移民集団を含むあらゆる文化的な集団がもつ可能性があるといえるだろう。たとえば、スティルツは、マイアミのリトル・ハバナ（キューバ人居住地区）の事例を挙げている。あるいは、アジア圏でいえば、華僑が進出した東南アジア諸国の一部の地域などはどうだろうか。彼らのような

移民集団も、ネイションと同じく、その土地の風土に適応しながら、自分たちの文化的習俗や慣習に従って、土地に改良を加え、生活を営んできたのである。なぜそういう集団は領土権の保持者であるといえないのだろうか。こういう集団に目を向ければ、ネイションだけが領土権の保持者にふさわしい、とまでは断言しにくいように思われる。

自己決定にもとづく議論　ミラーやマイゼルズのように、とりわけ文化的な要素に着目して、ネイションと土地や領土との結びつきを説明しようとする議論は、ネイションだけを特別視し、特権化しているような印象を与えてしまう。したがって、文化的な要素ではなく、政治的な要素、すなわち当の集団の政治的な「自己決定」（自決）という観点から領土権を説明するほうがより望ましいのではないかと考える論者もいる。マーガレット・ムーアは、著書『領土の政治理論』のなかで、「人民」（people）の「自決」を擁護する立場から領土権の正当化論を論じている。

　ムーアによれば、まず各人には「居住権」（residency right）が保障されなければならない。居住権とは、誰かの土地や場所ではないところに定住し、そこで生を営む権利のことである。人びとはこの居住権を有しているがゆえに、当人がその場所を奪ったり、元々の居住者を強引に追いだすなどといった不正を行ってそこに居住しているのでないかぎり、その人はその場所に居住する権利がある。こうして人は、場所に根差したアイデンティティを、その場所における営みを通じて獲得していくのである。

　ただし、人は完全に孤立した生を営んでいるわけではない。リベラル・ナショナリズム論をある程度支持するムーアも、個人が生を営むうえでの集団や共同体の文化的文脈の重要性を指摘する。ゆえに、個人の「居住権」は、個人が生を営む社会的な関係性のなかに位置づけられなければならない。

　個人が所属する集団や共同体も特定の土地に対して権利をもつといえる。ムーアによれば、それは集団の「占有権」（occupancy right）である。個人の生がその人が暮らしを営む土地と結びつくように、個人が生を営む共同体的な文脈も、当の共同体が占有する土地と分かちがたく結びつく。土地の風土や気候といった自分たちの存在（生のあり方）にかかわる集団的条件によって、その集団の生活様式、文化、伝統、歴史などが形作られるのであり、各人はそのな

かで善いと思う生き方を探求していくわけだ。したがって、集団が自律的に自分たちのあり方や行く末を管理できなければ、そこに所属する各人も自律的な選択を行うことなどできないのである。このようにして、個人の「居住権」は集団の「占有権」と結びつくのである。

このとき重要なのは、人びとが、自分たちにとって善き生を構想するうえでの土台となる場所が継続的に存在し、そこで自分は生を営むのだという「正当な期待」をもてることである。人は一般に、進学や就職や結婚などといった選択をするうえで、自分が所属する社会が概ねそのまま存続していることを無意識に想定するだろう。むしろ、そのような想定ができないところで、善き生を構想するのは極めてむずかしいはずだ。だから、人びとが自律的に善き生を探求できることを重視するのならば、彼らが所属する社会の存続を期待するのは正当なことである。

ゆえに、そのような期待をもてるためには、各人が所属する社会や共同体の文化的文脈が保護されていなければならない。そして、共同体の文化的な文脈は土地と分かちがたく結びついているとすれば、その共同体が土地を長きにわたって占有する権利が尊重されなければならない。このようにして、その集団の領土権は正当化されるのである。

では、誰が領土権をもつのだろうか。それはムーアによれば「人民」という集団である。「人民」とは、次の3つの要件を満たす集団である。第一に、集団としてのアイデンティティを共有し、共通の政治的プロジェクトにともに参画する意志をもつ者の集まりである。第二に、集団としての自決を可能にし、行使する政治制度を形成し、それを長期的に維持してゆく能力をもつ集団である。第三に、ともに政治制度を担ってきた、あるいは支配的な集団に対して自決を求めて抵抗してきたなどといった、政治的に協働してきた歴史を有する集団である。

ムーアは、政治的アイデンティティと文化的アイデンティティを峻別し、前者を軸に据えた議論を展開する。なぜなら、文化的なアイデンティティにもとづいていては、ほとんど同じような文化を共有するカナダ人とアメリカ人が別々のネイションであり、別々の土地に対して領土権をもつ理由を説明できないからである。したがって、ムーアは、文化から政治に焦点を移し、ネイショ

ンではなく、人びとの「政治的願望」や「政治的経験」にもとづく「人民」という集団こそ、領土権を保有する主体としてふさわしいと論じるのである。こうしたムーアの議論は、彼女独自のいわば修正版のリベラル・ナショナリズムから導かれる。

　他方でスティルツは、著書『領土的主権』において、ムーアと同じように自決にもとづきながらも、カント主義的な立場から領土権を基礎づけようとする。

　ムーア同様に、スティルツも個人の「居住権」から議論をはじめる。スティルツによれば、各人が自律的選択を行うためには、善き生を営む場所が保護される必要がある。各人は自分が暮らす土地に居住し、占有した土地を社会的、文化的、経済的に活用する。したがって、各人はその土地を不正に手に入れたのでないかぎり、そこから一方的に追いだされたりしない権利をもつ。

　こういう権利は国家などのなんらかの制度的枠組みが存在する以前に、各人がもつ権利である。しかしながら、それは国家的な制度枠組みによって保護されることによって安定したものになる。各人の善き生の構想は、占有する土地の地理的条件に左右されるのであり、土地の占有が脅かされる事態が生じれば、それは各人の人生が損なわれることを意味するのである。ゆえに各人は、ともに国家を設立して、自分たちが善いと思う生き方を構想するうえでの基盤となる土地を共同で守り、管理するようになるのである。

　スティルツによれば、集団的自決とは、なんらかのアイデンティティを共有する集団による自決ではなく、自決を可能にする政治的枠組みに参画する一人ひとりが、共通の政治的な意志を表明するときに実現される。それは、ありていにいえば各人の自律的な選択を可能にする条件である土地を維持・存続させることであり、こういう集団的自決を達成するために、国家の領土権が正当化されるというわけである。

　このようにみるとムーアとスティルツの議論は、ともに「自決」を核とする議論であるけれども、両者の主張の方向性は異なっていることがわかるだろう。基本的にはリベラル・ナショナリズムの立場に立つムーアは、「コミュニタリアン」的な観点から領土権を擁護するのであり、領土権を担う主体は「人民」という集団である。他方で、カント主義の観点からスティルツは、あくまで基本的には個人の自決およびそれと不可分である個人の土地の占有権を保護

するという観点から、領土権は、各人がともに設立する国家にあると主張するのである。いいかえれば、スティルツの著書の書名にもある「領土的主権」（territorial sovereignty）とは、国家がその構成員である各人の自決を可能にする条件を適切に整えるかぎりで正当化されるのである。

　こういう両者の議論にも批判がないわけではない。ムーアとスティルツそれぞれに対してさまざまな批判があるわけだが、ここでは両者の議論に共通する批判に1つだけ触れておこう。両者は個人の自決は地理的な空間と結びつくことで意味あるものになるという。そうすると、「人民」や各人の集合体としての集団の自決に必要な、ムーアの言葉でいう「中核をなす土地」（heart land）に対する領土権は擁護できるかもしれない。しかしながら、無人島であったり、あるいは他の人びとや集団の領土との「境界」にあたる部分を裁定する指針を示すことは依然としてできないのではないだろうか。とりわけスティルツのように個人の自律をより基底に据えた議論を展開すれば、なぜ「あの」土地ではなく「この」土地が重要なのか、あるいは「この」土地の範囲はどこまでなのかという問題には、明確な答えを与えにくいのではないかと思われるのである。

4　おわりに

　本章では、領土権の正当化論について整理してきた。われわれはすでにできあがった「領域国家」、つまり領土＝人民＝主権という結びつきを所与のものであると考えがちである。けれども、これまでの議論からわかるように、「この領土はわれわれの領土である」と正当に主張するのは、案外むずかしいのだ。ゆえに、冒頭で示したような領土をめぐる紛争は簡単には解決できない問題である。「この領土はわれわれの領土である」とお互いに言い張るだけでは、水掛け論に陥ってしまう可能性が高い。ゆえに、なんらかの国際的な第三者機関（この機関の正当性の問題は措くとする）が裁定し、当の主体の領土権にお墨つきを与えるといった解決の方向性を模索するほかないのが現状であろう。

　また、領土権の正当化がむずかしいということは、領土＝人民＝主権という結びつきにほころびが見られるということであり、それは領域国家の正当性の

問題に直結する。ただでさえ、経済のグローバル化の進展によって領域国家の正当性は揺らいでいることはよく指摘されるところである。だが、領域国家はもはや放棄されるべきなのかという点は少し立ち止まって考えるべきである。

　領域国家に代わるものとして、少なくとも２つの選択肢が考えられる。１つは、領域国家が行使してきた管轄権などをすべてグローバル市場に委ねるという選択肢である。たとえば、医療、介護、保健やその他の社会的な安全に寄与する国家の機能を、すべて市場において競合する企業やそれに類する組織が提供するのである。こういう構想はリバタリアニズム的である。ロバート・ノージックによれば、国家のもつさまざまな機能は、市場が担うことになり、その結果として国家の役割は極小化されるわけである。

　ただし、ノージックが最小国家を主張し、国家の放棄を構想したわけではない点には留意すべきだろう。国家を放棄すれば、働けない人に福祉を提供したり、教育や就職の機会を平等にしたり、道路や公園、博物館などの公共財を提供したりと、現在国家が行っている機能の多くが維持できないことになってしまう。ゆえに、国家よりも市場のほうが多くのサービスを効率的に提供できるとしても、国家を放棄することは多大なリスクをその市民に強いることになるだろう。

　いまひとつの選択肢は、世界政府による統治（ある種のグローバル・ガヴァナンス）である。グローバルな政治秩序は、領土的に異なる政治共同体のあいだに確固として存在する境界線の垣根を低くし、透過的なものにすることによって、グローバルな諸問題をともに手を取り合って解決することを可能にする。

　とはいえ、世界政府による統治が公正に機能するかどうかは不透明である。ジョン・ロールズが『諸国民の法』で主張したように、世界政府は、専制政治や無法状態をもたらすかもしれない。ロールズによれば、

> カントの『永遠平和のために』の導入部分にしたがって、世界政府（中央政府が通常行使する法的権限を持つ統一政治体制という意味）は、世界専制主義になるか、さもなければ、さまざまな地域や民族が政治の自由と自治を獲得しようとするために、頻繁な内戦に引き裂かれる脆弱な帝国を支配すると考えている（ロールズ 2022）。

　世界政府による統治が専制政治に陥ると思われる１つの理由は、われわれ一

般市民にとって、世界政治の空間はあまりに縁遠い存在であり、その政治空間に関与しているという感覚をもちにくいことに起因する。だが、こういう感覚は民主政治において不可欠である。領域国家の境界線は、市民が集団として営む生の領域を決定し、そのなかで集団の行く末をコントロールできるという感覚を涵養する。このことが正しいとすれば、民主政治という観点からしても、領域国家を放棄するのは望ましくないといえるであろう。

　そうであればこそ、われわれは既存の領域国家を所与とするのではなく、その正当性を常に再審する努力を続けなければならない。領土権の正当化論について考察することは、その重要な1つの方法なのである。

○ Further Topics 6　　自決と分離独立

　1966年に採択された「市民的及び政治的権利に関する国際規約」の第1条において、「すべての人民は自決権を有する」とされた。この自決権は、ある既存の国家の内部の少数派集団（特にナショナル・マイノリティ）が、当の国家からの「分離独立」を達成して自前の国家をもつ権利という形で、最もラディカルに行使される。これまで、人権規約における自決権がこういう「外的自決権」までも含意するのかは、国際法において論争を議論されてきた。

　だが、リベラリズムの政治哲学においては、少数派集団の「分離独立の権利」（right to secede）について議論されることはほとんどなかった。というのも、一般にリベラリズムの政治哲学においては、そういう少数派集団の権利は、各人の人権を保障することで間接的に保護されると考えられたからである。リベラリズムの中立性原則のもとでは、少数派集団の権利は議論の枠外に置かれてしまう傾向にあったのである。

　しかしながら、こうした状況は、1980年代半ばごろから徐々に変わりはじめ、アレン・ブキャナンやハリー・ベランらの先駆的業績を皮切りに、現代ではリベラリズムの政治理論の枠内で、少数派集団の分離独立の権利をどのように正当化するかという点について、活発に論じられるようになった。

　分離独立に関する擁護論には主として、正当な理由にもとづく議論、同意論、ナショナリズムにもとづく議論の3つの潮流がある。正当な理由にもとづく議論とは、少数派集団が迫害の対象であるなど、既存の国家から分離独立するしかるべき正当な理由がある場合にのみ、当該集団の分離独立の権利を認めるというものである。同意論とは、少数派集団の大多数が既存の国家からの分離独立に賛同している場合にのみ、その集団の分離独立の権利を正当であるとするものである。ナショナ

リズムにもとづく議論とは、政治的自決を達成し、自分たちの行く末を自分たちで決めたいと願うナショナルな少数派に、分離独立の権利は正当であるという議論である。

　近年は、分離独立は新たな様相を呈してきている。これまでの分離独立は概ね、それを望む集団が、既存の国家のなかで不遇な立場に置かれているような状況で問題となってきた。それに加えて近年は、既存の国家の内部で経済的に比較的優位な立場にあるナショナルな少数派が、分離独立を求めて運動を起こしている。最も典型的なのは、イギリスのスコットランドやスペインのカタルーニャであり、彼らは既存の国家と民族文化的な相違もあるわけだが、同時に確固たる経済基盤を有しており、彼らの分離独立は、既存の国家にとってそれなりの痛手となることが想定されている。だが、こういう運動は決して例外ではなく、北イタリア（ミラノやヴェネツィア）やベルギー（フランドル）など、ヨーロッパの各地で散見される。このような「富者のナショナリズム」をどのように処遇すべきだろうか。

【文献紹介】

ミラー、デイヴィッド（白川俊介訳）『自決は危険な幻想か』（白水社、2024年近刊）

Mulle, Emmanuel Dalle. *The Nationalism of the Rich: Discourses and Strategies of Separatist Parties in Catalonia, Flanders, Northern Italy and Scotland*, New York: Routledge, 2017.

第7章

気候変動

1 はじめに

　人類社会は、とりわけ産業革命以降、急速な進歩を遂げてきた。ここ数十年だけを見ても、人びとの暮らしは概ね格段に向上しているといってよかろう。他方で、そうした進歩の代償として、地球環境の悪化が叫ばれて久しい。1972年には、「かけがえのない地球」というキャッチフレーズのもと、「国際連合人間環境会議」（ストックホルム会議）が開催された。だが、それから半世紀を経た現在、地球環境の保全はますます重要かつ喫緊の課題になっている。近年、特に問題となっているのは、温室効果ガス（主として二酸化炭素）の排出に起因する地球規模の気候変動である。

　「気候変動に関する政府間パネル」（Intergovernmental Panel on Climate Change : IPCC）の『第6次評価報告書』（AR6）では、人間活動が大気・海洋および陸地を温暖化させてきたという事実は疑う余地がなく、特に化石燃料の使用などによる温室効果ガスの排出が、その主たる要因であるとされている。2011年から2020年までの世界の平均気温は、工業化前（1850年～1900年の平均）と比べると約1.09℃上昇している。その結果、たとえば大型で強力な台風の発生割合は過去40年のあいだで増加傾向にあり、世界の平均海面水位は1901年から2018年のあいだに20cm上昇した。

　たかだか1℃の気温の変化など、あるいは20cmの海面上昇など大したことはないと思われるかもしれない。だが、それは全くの誤解である。たとえば、海面水位の変化について、このまま何も対策を打たなければ、21世紀末までに世界の海面水位は1.5m～2.5m上昇すると考えられている。だがイタリアのヴェネツィアは海面が1m上昇すると街全体が沈んでしまう。2m上昇すれば、世界の多くの沿岸部の都市には住めなくなってしまうと予想されている。

特に大きな河川が流れる中国やインド、エジプトや東南アジア諸国などではその影響は極めて甚大である。もちろん我が国も例外ではなく、たとえ数十cmの海面上昇であっても、沿岸部に暮らす人びとの生活に大きく影響するおそれがあるのだ（我が国の状況については、文部科学省と気象庁が合同で発表している『日本の気候変動2020』を参照してほしい）。

　海面水位の上昇だけでなく、気温の上昇による干ばつや水不足、それによる農業生産の低下、海水温度の上昇による海洋生態系の変化および漁獲高の減少、台風や集中豪雨による水被害の増加、生物種の絶滅、病原菌の感染地域の拡大など、さまざまな影響が指摘されている。このように、人間活動に起因する地球規模の気候変動は、地球という惑星全体の自然環境に多大な影響を与える。それは「人と人との共生」の基盤を揺るがす事態である。

　ここで、政治哲学が気候変動に対処するのに何の役に立つのかと訝しく思う読者もいるだろう。たとえば、科学者は、二酸化炭素の排出量や、それにともなう気温の上昇などを正確に分析・予測することで、地球温暖化の防止に実質的に貢献できる。政治家は、温室効果ガス削減のためのより効果的な国際的な取り決めを結び、それを遵守させることができる。政治哲学者はこういう具体的な事柄をなしうるわけではない。

　だが、気候変動は間違いなく政治哲学上の重要な課題である。なぜなら、気候変動は正義にかかわる問題を引きおこすからである。気候変動がわれわれに突きつけているのは、経済発展の権利と環境負荷にかかわる負担や責任を地球全体でどのように分かちあうのかという問いである。こういう規範的な問いに応えることなしに、気候変動に対する取り組みを地球全体で足並みを揃えて加速させることは不可能であろう。まさに今こそ気候変動の政治哲学が求められているのだ。

　本章では、気候変動がもたらす正義の問題について、政治哲学がどのように応答できるのかを探っていこう。

2　われわれはどのような義務や責任を負うのか

（1）共通だが差異ある義務や責任

　地球環境はわれわれ人類にとって共通の財産であるから、それを保全する義務や責任は人類全体で負うべきだ、というのはたやすい。だが、ここで真剣に考えなければならないのは、どのように負担や義務を割りあてるのが最も公正なやり方なのか、という点である。なぜなら、次のような状況が指摘されているからである。

　第三世界の諸国は温室効果ガスをほとんど排出していないにもかかわらず、温暖化の多大な影響を受け、結果的に貧困にあえいでいる。たとえば、太平洋の島国であるツバルには約1万人が暮らしているが、ツバルは島の最も高い地点でも海抜4.5mしかない。このまま温暖化が進めば、海面水位の上昇によって、数十年後にはツバルは海の底に沈んでしまうかもしれない。ツバルの人びとは温暖化につながるような活動をほとんど行っていないにもかかわらず、故郷を失い、別の場所で暮らすことを余儀なくされるおそれがあるわけだ。

　他方で、大量に温室効果ガスを排出しているはずの欧米や日本などの先進国は、今のところ、その影響を直接にはさほど被っていない。加えて、近年めざましい経済発展をとげている中国やインドなどにおいて、今後さらに温室効果ガスの排出量が増加することは目に見えているが、その影響を被るのは概ね、地球温暖化にほとんど影響を与えていない国々なのである。

　こういうことを踏まえて、1992年に開催された国連環境開発会議（地球サミット）において、「環境と開発に関するリオ宣言」が採択された。リオ宣言の第7原則には、われわれが地球環境に対してどのように義務や責任を負うべきかについて、「共通だが差異ある責任」（common but differentiated responsibilities）という考え方が示されている。

　　各国は、地球の生態系の健全性及び完全性を保全、保護及び修復するグローバル・パートナーシップの精神に則り、協力しなければならない。地球環境の悪化への異なった寄与という観点から、各国は共通だが差異ある責任を有する。先進諸国は、彼等の社会が地球環境へかけている圧力及び彼等の支配している技術及び財源の観点か

ら、持続可能な開発の国際的な追及において有している義務を認識する（外務省訳。傍点筆者）。

　われわれは「共通だが差異ある」義務や責任を負うのだという考え方は、気候変動枠組み条約（UNFCCC）など、さまざまな国際会議や合意文書で繰り返し確認されている。とはいえ、言うは易し、行うは難しである。そういう「共通だが差異ある」義務や責任をどのように割りあてるのが公正なのだろうか。

（2）緩和と適応

　気候変動にまつわる義務や負担の公正な配分の原理についての考察に移る前に、いまひとつ確認しておきたいことがある。それは、われわれが負う義務の種類である。

　先にも述べたように、われわれがこのままの生活を続ければ、地球温暖化が進み、気温の上昇は避けられない。それは、海面上昇などさまざまな問題を引きおこす。したがって、われわれはまずもって、自分たちの活動が気候変動に与える影響をできるかぎり低減しなければならない。具体的にいえば、温室効果ガスの排出を減らす取り組みなどを通じて、気候変動への影響を「緩和」させなければならないのである。

　とはいえ、われわれがどんなに「緩和」に向けた対策に取り組んだところで、残念ながら、ただちに地球温暖化が食い止められるわけではない。2015年のパリ協定においては、世界共通の長期目標として、世界の平均気温の上昇を1.5℃に抑えるよう努力することで合意された。このことが示しているのは、われわれがいかに努力してもある程度の地球温暖化はもはや避けられないということだ。

　したがって、たとえば今後、山火事や洪水などといった自然災害の増加が予想されるのであれば、それへの対策や備えを行うなど、できるかぎり被害を抑えることを考えなければならない。あるいは、気温が上昇することは必ずしも悪影響ばかりではなく、これまで育たなかった作物が育てられるようになったりもするかもしれない。つまり、われわれは社会のあり方やみずからの生活様式を気候変動に「適応」させていかねばならないのである。

このように気候変動にまつわる義務には、「緩和」に向けた義務と「適応」に向けた義務との2つがあることを理解しておくことは重要であり、両者に目を向けた義務や責任の配分のあり方を考察せねばならない。ただし、本章では紙幅の都合上、「緩和」に向けた義務に焦点を当て、とりわけ温室効果ガスの排出について、「共通だが差異ある」義務や責任を公正に割りあてることのできる原理について、検討していこう。

3　義務や責任の公正な割りあてをめぐって

義務や責任をどのように割りあてるべきかという問題を考えるうえで、ロバート・ノージックの議論は導きの糸になるかもしれない。ノージックによれば、義務や責任の配分原理について、「現時間断片原理」と「歴史原理」という2つのアプローチがある。「現時間断片原理」とは、配分原理を考察するうえで、現時点で最終的に誰が何をどれだけ保持しているかだけに着目する考え方である。他方で、「歴史原理」とは、現時点で誰が何をどれだけ保有しているのかだけではなく、どのような歴史的経緯でそれらを保有するに至ったのかも考慮する考え方である。

これらの原理にもとづいて、地球環境への負荷にかかわる責任や負担を公正に配分する原理を考察したものとして、一般によく言及されるのが次の2つの原理である。第一に、過去の温室効果ガスの排出に関する責任を問わないという意味で、「現時間断片原理」に該当する「人口1人あたりの平等な排出権の原理」（principle of equal per capita）。そして、それとは対照的に、地球規模の気候変動に誰が関与してきたのかを過去を振り返って問うという意味で「歴史原理」に該当する「汚染者負担原理」（polluter pays principle）である。まずは、この2つの一般的な原理を概観していこう。

（1）現時間断片原理にもとづく説明

| 人口1人あたりの平等な排出権の原理 |
「人口1人あたりの平等な排出権の原理」とは、環境に影響を与えない程度の温室効果ガスの排出量を科学的に導きだしたうえで、世界の総人口数で割り、1人あたり1年間に平等な量

の温室効果ガスの排出権を付与するというものである。この原理は、平等という意味では極めてわかりやすいうえに、公正であるようにも思われる。概して経済規模の大きい先進国よりも、開発途上の貧困国のほうが大きな人口を抱えており、単純にこの原理を当てはめれば、途上国に対しては多くの排出を認め、先進国には大幅な排出量削減を要求することになるからだ。したがって、この原理は、先進国に富が集中する現代世界のあり方の是正につながるという意味で、公正であるように思われる。

　「人口1人あたりの平等な排出権の原理」を支持する代表的な論客の1人がピーター・シンガーである。地球の大気はグローバルな「公共財」であって、その使用や保全は人間の幸福にとって本質的に重要だ。こういう前提のもとで、シンガーは、地球の大気をグローバルな規模の巨大なシンク（流し台）にたとえ、そのシンクをある個人が私的に利用できるのは、他の誰もが望めばみな平等にそれを利用でき、誰であってもその利用を妨げられない場合だけだという。

　ところが、今や有害な結果をもたらすことなく温室効果ガスを吸収するシンクの容量は限界を迎えており、自分以外の他の人びとも「十分かつ同じように潤沢に」シンクを利用できる余地があるとはいえない。したがって、シンクの利用を公正に割りあてる必要が生じる。その方法について、シンガーは次のように主張する。

　　グローバルな大気のシンクの割りあて分について、他者よりも多く権利を主張できる理由を問うことからはじめるとすると、まず想起される最も簡単な答えは「そのような理由は存在しない」というものだ。いいかえれば、誰もがみなと同じように、グローバルな大気のシンクの割りあて分への権利を有している。こういう平等な状態は明らかに公正であろう。少なくとも議論の出発点としてはそうであるし、この平等を捨てさるに足る理由を見いだすことができなければ、おそらく議論の終着点でも同様であろう（シンガー 2005）。

本書でこれまで何度も言及してきたように、功利主義者であるシンガーは、帰結主義者の観点から、どうすれば環境への負荷を軽減することが可能かを考察する。その際に、当座のところは責任や義務を割りあてる明確な基準が存在しえないのだから、極めて単純かつ政治的妥協に適しており、また地球規模で

の人びとの幸福の増大にもつながるという理由で、「人口1人あたりの平等な排出権の原理」を支持するのである。

ただしこの原理は、既述のように先進国に大幅な排出削減を求めることになり、それだけでは多大な混乱を招くのは明らかである。ゆえにシンガーは「排出権取引」を持ちだして、「人口1人あたりの平等な排出権の原理」を補完すべきだという。つまり、割りあてられた排出量を超えて温室効果ガスを排出する場合には、他国から排出権を購入するのである。そうすることで、先進国は生産活動に急激な変更を加えることなく、漸進的に排出量の低減に取り組むことができる。さらには、排出権を売ることになるのは主として途上国であるので、先進国から途上国への財の移転も促される。この意味で、排出権は途上国にとって富を獲得する資源にもなるのだ。

「排出」はすべて同じか

「人口1人あたりの平等な排出権の原理」は非常にわかりやすく、一見すると公正なように思われる。けれども、いくつかの難点を抱えている。ここでは代表的な批判を2つ挙げておきたい。第一に、「人口1人あたりの平等な排出権の原理」の支持者は排出量や排出権を問題にするが、排出の中身、つまりその排出が何の目的でなされたのかを一切考慮しない、という批判である。

確かに人は生きていれば二酸化炭素を排出するが、生活するうえでどの程度の排出が認められるべきかは、当人の住まう社会の状況によってかなり異なる。このことは容易に想像がつくだろう。こうした諸社会の実情を無視して、富者も貧者も同じように問題解決に取り組むべきだ、というのははたして公正なのだろうか。この点をヘンリー・シューは「生計用排出と奢侈的排出」という論文で鋭く指摘する。

シューによれば、排出を画一的に捉えることは、単純にあらゆる財や資源の価値を等価と見なすことと同じである。だが、それは現実的ではない。実際には、生きるためのニーズを満たすために本質的な財や緊急に必要な資源もあれば、生存にとっては不必要であり、取るにたらない財も存在するからだ。ともに温室効果ガスを排出するとしても、一方で食糧の生産は人びとの生存にとって必要な「基本的ニーズ」を満たすためになされるが、他方で高級車の製造は「単なる欲求」を満たすためになされるのである。

このことを踏まえれば、先進国では豊かな生活様式を維持するためにこそ大量の温室効果ガスが排出されているが、途上国ではまさに基本的ニーズを満たすために排出されている、といっても過言ではない。つまり、先進国と途上国では、温室効果ガスの「排出」の意味合いや目的が全く異なるのだ。したがって、シューは生活するのに必須の「生計用排出」(subsistence emission) とぜいたく品にかかわる「奢侈的排出」(luxury emission) を峻別すべきであって、単純に排出権を平等に割りあてるだけでは何の意味もないというわけだ。

歴史的責任は問わなくてよいのか　第二の批判は、「過去を忘れ、再出発しよう」という「現時間断片原則」の根本にかかわる。つまり、「人口1人あたりの平等な排出権の原理」においては、とりわけ先進国の歴史的責任が軽視されているという批判である。「人口1人あたりの平等な排出権の原理」とは要するに、シンガーのシンクの例えでいえば、要するに次のようなものだ。ある特定の集団だけがそのシンクを利用しすぎて挙句の果てに詰まらせてしまったから、これからは詰まらないように、今まで使っていなかった人も含めて全員に平等に利用権を割りあてよう。こういう原理である。

　だが、当然ながら、そのシンクを詰まらせることに全く関与していない者からすれば、「なぜ自分たちまで割を食わねばならないのだ、まずは詰まらせた者がその責任を取るべきだろう」といいたくなるだろう。2015年の国連気候変動枠組条約締結国会議（COP21）において、インドのナレンドラ・モディ首相は、まさにそう述べた。「気候変動はわれわれが作りだしたのではなく、化石燃料を動力とする産業革命の時代の繁栄と進歩から生まれた地球温暖化の帰結だ」というわけだ。

　現在の地球温暖化などのグローバルな気候変動の原因は、先進国の人びとによる過去の温室効果ガスの排出であって、途上国にその責任はほぼないといってよい。したがって、今後の温室効果ガス排出に関する権利の平等な配分を論じる以前に、まずは先進国が気候変動に関するこれまでの歴史的責任を果たすべきだという主張はもっともであろう。

（2）歴史原理にもとづく説明

汚染者負担原理 そこで次に、こうした過去の温室効果ガス排出の歴史的責任を問う「汚染者負担原理」に目を移そう。ある者が何かを壊したとすれば、その壊した者が修理するなり、買いとるなり、別の物を用意するなりして、その責任を負うべきだ。ごく簡単にいえば、「汚染者負担原理」とはこれと同様の原理である。温室効果ガスの排出など、地球温暖化の原因となる行動をとった者がその責任を負い、与えた危害に対する補償をしなければならないというわけだ。

「汚染者負担原理」もある意味では非常にわかりやすく、人びとの直観に訴えかけるものである。たとえば、人口1人あたり年間にどれくらいの量の温室効果ガスを排出しているのかを国別に調査・算出した世界銀行のデータによれば、シエラレオネでは0.2トンなのに対して、アメリカでは20.6トンだとされている。このデータに従えば、単純計算で、アメリカの人びとは1人あたり、シエラレオネの人びと200人分の責任を負うべきだというのは、ごく当たり前の主張のように思われる。実際に、こういう考え方は多くの国際協定に盛りこまれている。

「汚染者」とは誰か とはいえ、事はそう単純ではない。「汚染者負担原理」にもいくつかの問題点がある。第一に、気候変動に対する責任や義務といった場合に、地球環境を汚染し、その責任を負うべき主体は誰なのかという問題である。

「汚染者負担原理」の要点の1つは、まさに「汚染者」が「負担」するところにある。つまり、行われた不正に対する責任の所在が極めて明確なのだ。ゆえに、「汚染者負担原理」を適用するには、「汚染者」が特定されていなければならない。ところが問題は、地球環境の「汚染者」を特定するのは容易ではないということだ。

たとえば、ある工場が商品の製造過程において、環境に有害なガスを大量に排出し、大気を汚染したので、それを補償すべきだとしよう。このとき、その工場には帰責できても、特定の個人に帰責することはできない。また、工場の関係者全員に責任があるというのも乱暴な話だ。そう考えると、確かに温室効果ガスの排出とその結果としての地球温暖化に責任があるのは、一般に先進国

の人びとだとはいえるかもしれない。けれどもそれ以上に責任の所在を突きつめようとしても、先進国の誰に責任があるのかを特定するのは非常にむずかしいのである。

　この点との関連で、概して「汚染者負担原理」の支持者の議論では、「国家」が責任の主体として想定されている。だが、そういう想定はいささか単純すぎる。たとえば、環境に悪影響を及ぼすような政策決定に反対した、あるいはその決定に関係のない個人にまで集団としての責任を課すのは正しいのだろうか。上の工場の例でいえば、ある従業員は、環境に有害なことをしているという事実を知らなかった、あるいは、有害なガスを排出していることに気づいた段階で、環境に優しい新たな技術の導入を進言したり、その商品の製造工程から外れたとしよう。このとき、その従業員に対して、他の従業員と同じように工場全体としての責任を割りあてるのは正義に適っているといえるのだろうか。サイモン・ケイニーは次のように指摘する。

　　その人は相談されなかったことに対して理にかなった反論ができただろうか。その人は投票しなかったし、またそのような政策を承認していなかった。そうであるならば、他者が行った決定の責任を問われるべきではないのではなかろうか（Caney 2006）。

　一般に、個人は責任が生じるような事柄については選択できるべきだ。そうした選択の余地がなかった場合や、責任が生じるような事柄を選択しなかった場合には、当の個人に帰責することはできないだろう。まして、現在の気候変動の原因は、約200年以上前の産業革命の時代にもたらされたとされる。この時代の人びとは、よもやみずからの活動が将来的に地球環境に多大な影響を与えることになるなどとは知る由もなかっただろう。知りえなかったことにまで責任を負わせるのは不正ではないか、というわけである。

　現在の気候変動の原因は数百年前の過去の人びとの行為に由来するものだという点は、「汚染者負担原理」の第二の問題点を浮き彫りにする。「汚染者」が「負担」せねばならないのは、まさに「汚染者」が「汚染した」からである。だが、今日の気候変動の原因は数百年前にまで遡ることができるとすると、仮に先進国の人びとが負担するとしても、汚染の直接の原因を作った人びととはす

でに存在しないため、実際に責任を負うのは、当人たちではなくその子孫に
なってしまう。そうだとすれば、なぜ直接の汚染者ではない先進国の現在世代
の人びとが過去の人びとの行為のツケを払わなければならないのだろうか。

受益者負担原理　こういう批判に対して、現在世代は過去世代からの利
益を引き継いでいるので、過去世代が汚染したとして
も、現在世代がその責任を負うべきだ、と反論できるかもしれない。たとえ
ば、エリック・ニューマイヤーは次のように述べる。

> 過去世代による温室効果ガスの排出の責任を現代世代は負わないという議論に対し
> て、根本的な反論が可能である。既存の先進国は高い生活水準などという形で、過去
> 世代の排出から進んで利益を受けているのだから、高い生活水準を達成するうえでの
> 有害な副作用についての責任を免れるべきではない（Neumayer 2000）。

このように、直接の汚染者のみならず、その恩恵を受けた者に責任主体の対
象範囲を広げる議論はしばしば、「受益者負担原理」（beneficiary pays principle）
と呼ばれる。だが、ケイニーからすると、「受益者負担原理」も妥当ではない。
なぜなら、必ずしも「汚染者＝受益者」ではないかもしれないからだ。たとえ
ば、完全に自給自足で暮らしており、産業化政策の恩恵を全く享受していない
個人は受益者だとはいえない。つまり、先進国の人びとがみなすべて「受益
者」だとは一概にはいえないのである。

非同一性問題　この問題を回避できたとしても、より根本的には次の
ような問題もある。「受益者負担原理」が有効である
ためには、産業化政策の結果、より豊かになった「受益者」を特定できなけれ
ばならない。そのためには「産業化されていない状態」と「産業化された後の
状態」を比較しなければならないはずだ。けれども、「産業化されていない状
態」を経験していない以上、そういう比較は事実上不可能である。こういう困
難を、デレク・パーフィットは「非同一性問題」（non-identity problem）と呼ん
だ。

パーフィットの議論の要点はこういうことである。ある決定Aがなされ、そ
の結果A'という事態が生じた。だが、仮にAでなくBという決定がなされてい
れば、B'という事態になっていたかもしれない。このとき、異なる選択のもと

に生じた事態であるA´とBは比較しようがないし、その比較に意味はない、というのである。

　だから、子どもの誕生は、両親がいつ子作りをするかによるわけであり、その時期が違えば、違った子どもが生まれてくるわけだが、あのとき子作りをしていれば、今生まれてきた子どもよりももっといい子が生まれてきたはずだ、などといえるはずがない。これと同じように、産業化を経験した人びとは、産業化を経験しなかった人びとよりも好ましい状態にある（＝だから「受益者」である）などという比較は成り立たないのだ。

　ゆえに、「汚染者負担原理」およびその変形である「受益者負担原理」も、とりわけ「汚染者」や「受益者」とは誰であり、なぜ彼らが責任を負うべきなのかを明確に示せない以上、それは公正な配分の原理でありうるのか、疑問符が付されるのである。

　こうした議論を踏まえて、コスモポリタンおよびコミュニタリアン（ナショナリスト）がそれぞれどのような議論を展開しているのか、概観したい。以下では、代表的な論客として、ケイニーのコスモポリタニズムにもとづく「混成的説明」（hybrid account）と、デイヴィッド・ミラーのコミュニタリアニズム的な「平等な犠牲の原理」（principle of equal sacrifice）を取りあげよう。

4　ケイニーによる「混成的説明」

　ケイニーはまず、ジョセフ・ラズの議論を参照し、人が権利を有するといえる状況について考察する。ラズによれば、Xが他者に対して義務を発生させるに足る「根源的利益」である場合に、ある人はXに対する権利を有しているという。人びとの「根源的利益」とは、干ばつや不作、疫病、水害やその他急激で予測不能な自然・社会・経済の変化によって被害を受けないことである。先の『第6次評価報告書』などを参照するまでもなく、そうした被害が気候変動によって生じているとすれば、各人は、気候変動による被害を受けない権利を有するといえる。こういう権利は一般に基本的人権と呼ばれる。

　このように考えたとき、ケイニーによれば、人びとは気候変動にまつわる次の2つの義務を負う。第一に、割りあて以上の温室効果ガスを排出してはなら

ない義務、第二に他者に対する補償義務であり、それは割りあて以上に排出した者（あるいは少なくとも現在の気候変動との因果関係が科学的に認められている1980年代中頃から考えて、すでに割りあて分を超過している者）に課される。

　ケイニーの議論では、これらは基本的に「汚染者負担原理」から導かれる。だが先に指摘したように、「汚染者負担原理」だけにもとづいていては、過去の排出の責任までも問うことは不可能だ。

　そこでケイニーは、その不足を補うために、相対的に「有利な立場にある者」（the advantaged）、つまり「能力のある者」がその義務や負担を負うべきだと主張する。いいかえれば、ケイニーは、「汚染者負担原理」と「能力のある者が負担する原理」（ability to pay principle）と掛けあわせた「混成的説明」を行うのである。

　「有利な立場にある者」は、必ずしも気候変動に直接的に責任があるわけではないのかもしれない。けれども、だからといって責任を負わなくてよいというわけではない。気候変動に起因する著しい人権侵害の保障を引きうける能力のある者やそれが可能な立場にいる者は、それだけでそうした義務を負う。

　ケイニーによれば、「有利な立場にある者」は次の２つの義務を受けいれるべきだ。第一に、過去世代の温室効果ガスの排出によって引きおこされた環境負荷にかかわる責任や負担を引きうけ、悪影響を取り除く義務、第二に、環境負荷にかかわる負担や責任についての将来的な法令順守を促す枠組みを構築する義務である。

　このようなケイニーの「混成的説明」は、確かに「汚染者負担原理」の不足を適切に補う１つの方策であると評価できる。とはいえ、ケイニーの議論をそのまま受けいれられるわけではない。

　第一に、なぜ「有利な立場にある者」はそのような義務を引きうけなければならないのだろうか。ケイニーの「混成的説明」では、「有利な立場にある者」は、さまざまな義務を他者に成り代わって負うことになる。つまり、「有利な立場にある者」はそれなりに大きな義務や責任を引きうけることになるのだが、なぜ彼らは、自分が「能力がある」から、あるいは相対的に「有利な立場にある」からという理由だけで、そのようないわば「ノブレス・オブリージュ」（高貴なる者の義務）を引きうけなければならないのだろうか。ケイニー

はこういう「動機づけ」について、十分な説明を与えてくれない。

　また、コスモポリタニズムの立場に立つケイニーによれば、「有利な立場にある者」というのは、「国家」や「企業」などのような集合的な主体ではなく、あくまで「個人」である。なぜなら、先に「受益者負担原理」に対する批判でも触れたように、集団としての決定に反対した個人の処遇の問題や「非同一性問題」に鑑みれば、義務を負う主体としてなんらかの集合的な主体を想定するのは、不適切だからである。

　だが、気候変動にかかわる負担の公正な配分という問題にかぎっていえば、その性質上、個人主義をとるのは望ましくないように思われる。というのも、温室効果ガスの排出による被害は、単に個人の行為から直接生じるわけではないからだ。

　たとえば、個人が低燃費・高排出の大きな SUV（スポーツ用多目的車）で毎日通勤したところで、それが温暖化に直接影響するわけではないし、それによる温室効果ガスの排出によって、誰か特定の個人が直接被害を受けるわけではない。つまり、問題を引きおこすのは、ある個人の行動ではなく、そのような大多数の人びとの行動であって、彼らが集団としてそのような生活様式を送っていることなのである。だとすると、一人ひとりの行動自体によって危害が加えられているのではない以上、個人に帰責するのは妥当ではないだろうし、また厳密にいって個別に責任を割りあてるのも不可能だろう。

5　ミラーによる「平等な犠牲の原理」

　ナショナリストの立場から、ミラーは、気候変動にまつわる負担や責任を各ネイションに平等に割りあてるべきだとして、「平等な犠牲の原理」を支持する。個人ではなく、ネイションという集団がその責任を引きうける妥当性について、ミラーは「共同事業モデル」および「同士集団モデル」という理念型を想定し、ネイションはこのいずれか、ないし両者に当てはまるかぎりで集合的責任を負うという。

　ミラーによれば、「同士集団モデル」に該当する集団は、さまざまな目的や価値観を共有することで、自分たちを「同士」であると自覚している。彼はそ

うした集団の例として暴徒を挙げている。近隣地域を暴れまわり住民を恐怖に陥れる暴徒は、個々人の行為を見れば、略奪や暴力など多様だが、全体としてはみな同じような態度を支持し、みずから破壊活動に直接関与したにせよ、破壊活動を行っている者を手助けし、後押ししたにすぎないにせよ、各人が最終的にもたらされた帰結の片棒を担いでいる。このとき、引きおこされた帰結に対する具体的な個々人の責任を同定することはむずかしいけれども、暴徒が全体として結果に対して責任を負っているとはいえよう。

「共同事業モデル」に該当する集団の例としては、環境に悪影響をおよぼしている企業を挙げる。ある企業の現在の製造方法では環境に好ましくない影響が出ていることがわかっている。このとき、大多数の従業員が現在の製造方法の維持を望んでいるとする。この場合、環境に対する悪影響を補償するコストは全従業員で公平に負担されるべきである。従業員はそうした事業に共同で参加し、利益を共有しているからである。

では、ネイションをそのような集団だと見なすことができるのだろうか。ミラーの論じるところでは、ネイションはアイデンティティや「公共文化」を共有する点で、「同士集団」だといえる。ネイションの目的や価値について、その構成員が議論する場が存在する民主的なネイションであれば、なおさらそうである。

また、ネイションに所属する人びとは概して、福祉や教育といった市民サービスを提供する「共同事業」に参画し、税金の拠出など、一定のコストの負担を通じてお互いに扶助しあっている。そして、とりわけ民主的なネイションであれば、事業のあり方、利益や負担の配分などについて、構成員は時には異議を申し立て、変更することもできる。ゆえに、より民主的なネイションであればあるほど、集団としての政策決定について、その構成員に責任を負わせるのは正当だといえよう。

ここで、先にケイニーが気候変動にまつわる責任や負担の公正な配分を論じるうえで、集団主義的アプローチではなく、個人主義アプローチをとった理由に立ち返ろう。その理由は主として次の2つにあった。第一に、ある行動をとった当該集団全体に帰責するといっても、その行為に反対した個人にまで同様に帰責するのは不正であるという理由である。ミラーはこの点について次の

ように論じる。

　そもそも、自分は何もしていないので責任を問われることはない、とはいえない。先の暴徒の例でいえば、特に破壊行為を行ったわけでもなく傍観していただけだとしても、その集団を消極的にではあれ支援していることにはなるのだ。ゆえに、当該行為をしていないから集団としての責任を免れている、というのはやや単純すぎる。まして、当該行為が民主的に決定されたものであればなおさらである。

　ある集団において民主的決定が意味をもつには、その集団の構成員のあいだに強い信頼感がなければならない。他者が自分の利益や意見を心から考慮してくれるだろうとか、選挙や討議で勝った場合には敗北を受けいれ、結果に従ってくれるだろう、というような感覚がなければ、民主的決定は有意義なものとならない。したがって、そのような集団であれば、民主的決定の帰結について、全体として責任を負うのは当然である。

　では、第二の理由、「非同一性問題」に照らせば、過去世代の責任を現在世代に負わせることは不適切だという点についてはどうだろう。なぜネイション集団に所属する現在世代の人びとは、過去世代の行為の責任までも負うべきだといえるのだろうか。ミラーによれば、それはネイションが「世代横断的」な共同体であり、「歴史を越えて紡がれてきた」集団だと考えられるからである。

　確かに、ある人があるネイションの一員であること自体は、全くの偶然であろう。とはいっても、ある人がそのネイションに所属し、そこで暮らすということは、それまでの世代が積み重ねてきた物質的・人的・文化的資本から利益を享受することに他ならない。一般に、各人の善き生の構想は当人が所属する共同体の「文化的文脈」や「文化的遺産」を頼りにして探求されると考えられるからだ。

　ミラーによれば、ヴィクトリア朝時代のイギリスは産業化政策と帝国主義的な拡張政策をとってきたが、現在のイギリス人が産業化によって生じたさまざまな利益についての権利を主張しながら、帝国主義的な政策によってもたらされたなんらかの負の帰結についての責任を拒絶するのは、首尾一貫していない。ネイションの過去の責任を受けいれることなしに、ネイションに帰属することによって得られる利益を正当に享受することはできない、というわけであ

る。

　では、ネイション間に平等に犠牲を割りあてるとは、どういうことなのか。もちろん、負担すべきすべてのコストをネイションの頭数で単純に割るというものではない。ここでまず必要なのは、極めて貧しいネイションとそうではないネイションを峻別することである。先に、「生計用排出」と「奢侈的排出」を峻別すべきだというシューの主張に触れたが、ミラーもこの考え方を受けいれる。温室効果ガスの排出は抑制されるべきだが、「生計用排出」まで切り詰めるべきだというのは、本末転倒だからである。

　むしろ極めて貧しいネイションに住まう人びとは、経済発展をして貧困状態から脱し、「基本権」が満たされた「品位ある」暮らしを送れるようになるべきである。したがって、彼らには犠牲を強いるどころか、今まで以上の温室効果ガスの排出が、場合によっては認められねばならない。極めて貧しいネイションの人びとに対しては、状況次第ではこれまで以上に「生計用排出」としての温室効果ガスの排出が認められる。

　その代わりに、豊かなネイションの人びとに対しては、「奢侈的排出」の抑制などの犠牲が求められる。ここで、各ネイションに平等に犠牲を割りあてるとは、各ネイションの「能力」に応じて犠牲を割りあてるということである。その「能力」をどのように見るかは極めて論争的だろうが、重要なことは、各ネイションの「能力」は大いに異なるわけであって、その状況を考慮して累進的に負担を割りあてる複合的なスキームの構築が求められるのである。

　ミラーによれば、各ネイションに対して、現在の温室効果ガスの排出を減らす「能力」がどれくらいあるかも問うべきだ。ここで「能力」とは、エネルギー生産、輸送、消費を別の形に転換するのにどのくらいかかるのかという点から理解されるべきである。また、化石燃料の依存度を減らすようエネルギー資源の転換に巨額の拠出をするなど温室効果ガスの排出の削減にすでに取り組んできたネイションに対して、さらなる排出削減を求めるのは酷であろう。したがって、気候変動にまつわる負担はまずもって、排出を削減する能力があるけれども今までそれにまともに取り組んでこなかったネイションに降りかかるのである。

6 おわりに

　気候変動にまつわる「共通だが差異ある」義務や責任をどのように配分するのが公正なのか。これまで見てきた議論をどう評価すべきかを考えれば、この問題に答えるのは容易ではないことがよくわかるだろう。ミラーのいう「平等な犠牲の原理」でさえ、世界の実情を捉えた議論であるとはいえないかもしれない。

　気候変動をはじめとする地球環境問題については、一般に次のような前提で議論が開始される傾向がある。すなわち、富裕国の人びとは往々にして贅沢な暮らしを送っており、そのことが直接的であれ間接的であれ、環境に負荷を与えているという意味で加害者であり、他方で、貧困国に住む人びとは、その危害を被っている。それは南北問題の構図そのものであり、豊かな第一世界が貧しい第三世界を害しているというわけだ。

　ところが、ドイツの社会学者ウォルフガング・ザックスが指摘するところによれば、そうしたイメージはもはや成り立たないという。ザックスによれば、「北」＝先進国、「南」＝途上国というイメージは、政治経済的な現実を反映していない。彼は、「南」には比較的豊かなシンガポール、マリなどが含まれるとしたうえで、次のように述べている。

　　今日の世界の断層線は、「北」の社会と「南」の社会のあいだを走っているのではない。そうではなくて、そうした社会のなかを貫いている。重要な断層線は、グローバルな富裕層とローカルな貧困層である。南北の断層線は、国家間を隔てるのではなく、各社会のなかを走っている。……それはグローバルな消費者層と、グローバリゼーションの恩恵にあずかれない大多数の社会の人びととを分断する。こうしたグローバルな消費者層には、「北」の社会の大多数の市民とともに、「南」の社会のエリートも多分に含まれるのだ（Sachs 2002）。

　とりわけ「南」の社会に顕著だと思われるが、同じネイションの人びとであっても、少数のエリートがグローバリゼーションの恩恵を享受する一方で、大多数の人びとはいまだ貧しいままである。したがって、こういう状況では当然ながら、一律にネイションの人びとに応分の負担を求めることはできないだ

ろう。いいかえれば、ミラーのネイション間の「平等な犠牲の原理」は、ネイション内における公正な配分の原理と適切に接合されることではじめて意味をなすのである。

　さらには、グローバル正義論は概して時間軸についてはあまり考慮しない。グローバル正義論は基本的に、今いるわれわれは今いる遠くの他者に対してどのような義務を負うのか、という点を考察するものだ。だが、これまでの議論から明らかなように、過去世代からの責任をどう引き継ぐのか、さらには、まだ見ぬ将来世代の人びとに対してどのような義務を負うのかという問題と切り離して、気候変動にまつわる負担の配分の問題を考えることは不可能だ。そうだとすれば、気候変動の政治哲学は、いわば「グローバルかつ世代間で公正な正義の原理」を構築することを要請するといってよいだろう。グローバル正義論と世代間正義論をどのように結びつけて考察すべきだろうか。さらなる探求が必要である。

　最後に、いまひとつ付言しておきたい。本書は「人と人との共生」について規範的に考える学問としての政治哲学について論じてきた。だが、気候変動は地球という惑星の自然環境すべてに影響を与える。そうであれば、人為的な気候変動によって、人間以外の多様な生物種が一方的に影響を受ける事態は極めて不正な状況であろう。われわれは今や、「人と自然との共生」のあり方を根本的に問い直さなければならない時期に来ているのだとすれば、政治哲学も、地球社会における「人と自然との共生」をその射程に取りこむべきなのかもしれない。

○ Further Topics 7　　世代間正義

　世代間正義、あるいは世代を越える正義について考える重要性は非常に増してきている。本章で論じたような気候変動も含めて、われわれは自分の子や孫、さらにはもっと後世の人びとにとっても住みやすい地球環境を提供するために、どのような義務を負うのだろうか。だが、世代間正義は、リベラリズムがうまく扱うことのできない問題である。なぜなら、リベラリズムは、世代間で公正な正義の原理を導く理論的な根拠を見いだしにくいからである。

　リベラリズムにおいて、正義の原理が導かれる1つの根拠は「互恵性」（reciprocity）に求められる。人びとは社会において、お互いになんらかの利益を

得て、なんらかの義務を負担しているという意味で、相互関係にある。だからこそ、正義の義務を負担する根拠を「互恵性」に求めることができるわけだ。

だが問題は、現在世代の人びとと将来世代の人びととのあいだにはたして互恵的な関係性が存在するのか、という点である。将来世代の人びとは今は存在すらしていない。ゆえに、現在世代は将来世代に対して影響力を行使できるとしても、将来世代が現在世代に対して影響力を行使することなど不可能だ。だから、その関係性は現在世代から将来世代へという一方通行にならざるをえない。これでは互恵的な関係性は存在しないので、現在世代が将来世代に対してなんらかの正義の義務を負担するいわれはない、ということになってしまう。

したがってジョン・ロールズは、『正義論』において、世代間には互恵的な関係が成り立ちにくいことを認めたうえで、同一世代の人びとのあいだに適用される「正義の二原理」を導いたやり方とは別の方法で、現在世代が将来世代に対して負うべき義務の根拠を見いだしている。それは「正義に適った貯蓄原理」（just saving principle）と呼ばれる。

「リベラル＝コミュニタリアン論争」を経た現在では、リベラリズムの立場から「互恵性」の概念を再解釈することで、世代間正義を導こうとするアクセル・ゴスリーのような論者もいれば、コミュニタリアニズムの知見を取り込み、われわれは「世代を越える共同体」（trans-generational community）に所属しているというところに世代間のつながりを見いだし、世代間正義を導こうとするアヴネル・デ・シャリットやジャンナ・トンプソンのような論者もいる。また、サミュエル・シェフラーは、自己の生の意味そのものが将来世代の存在にかかっている点を強調し、その点を手がかりにして、われわれが将来世代を気にかけなければならない理由について論じている。

ところで、世代間正義とは、現在世代と将来世代とのあいだの問題に留まらない。植民地支配や過去の戦争の被害といった、過去世代が行った歴史的不正義について、当事者ではない現在世代がどのようにその責任を引き受けるべきなのか。このようないわゆる「修復的正義」（reparative justice）も、世代間正義の重要な論点であることを付け加えておきたい。

こういう世代間正義にまつわる研究蓄積はさほど多くはなく、今後の研究のさらなる進展が期待されるところである。

【文献案内】
松元雅和・井上彰（編）『人口問題の正義論』（世界思想社、2019年）、特に第9章、第10章。
シェフラー、サミュエル（白川俊介・秋本彩織訳）『なぜ将来世代を気にかけるのか』（関西学院大学出版会、2024年近刊）。

第8章

健康格差

1　はじめに

　これまでの章で、グローバルな規模で見うけられる格差に触れてきた。本章で取りあげる「健康格差」もその重要な1つであり、ある意味では最もわかりやすい格差かもしれない。「健康である」とはどういう状態かを明確に定義するのはむずかしいかもしれないが、いかに定義しようとも、先進国と途上国とのあいだには、間違いなく著しい健康格差が横たわっている。

　たとえば、先進国の平均寿命は概ね80歳前後だが、いわゆるサブサハラ地域（サハラ以南のアフリカ）では、平均寿命が50歳くらいの国々も少なくない。世界保健機関（WHO）によれば、少なくとも13億人が基本的な保健医療サービスを受けられず、世界人口の約3分の1（アフリカとアジアに住む人びとの半分以上を含む）が必須医薬品を入手できていないと推定される。また、十分な保健医療サービスが受けられるためには、人口1000人あたりの医師・看護師・助産師の総数が少なくとも2.28人必要だとされている。ところが、ヨーロッパにおいては、人口1000人あたり、10.3人の医師・看護師・助産師がいるのに対して、アフリカ諸国では平均して1.4人しかいないとされ、アフリカの人びとは適切な保健医療サービスを受けることができていない。そのことは、アフリカ諸国の人びとのHIVやマラリア、その他疫病の罹患率の高さや平均寿命の短さ、乳児死亡率の高さなどに直結しているのである。いずれも驚くべき格差であり、先進国と途上国の保健衛生状況がいかに異なっているのかがよくわかるだろう。

　だが、健康格差は政治哲学において積極的に論じられてきたとはいいがたい。正義論は、財や所得の配分には目を配ってきたが、健康という価値や財については、あまり焦点を当ててこなかった。そういうなかにあって、ノーマ

ン・ダニエルズは例外的に、正義論の文脈で健康を取りあつかってきた数少ない論者である。とはいえ、そのダニエルズでさえ、議論の主眼は、公正な資源の配分や機会均等をもたらす原理の探究であり、公正に配分されるべき「正義の通貨」の1つとして健康を論じているにすぎない。また、前章で取りあげたサイモン・ケイニーも健康権に言及しているが、それは気候変動というより包括的な関心のもとで論じられているのである。

SDGsの3つめに「すべての人に健康と福祉を」という目標が掲げられている。これをどのように実現するかを考えるうえでは、グローバル正義論の文脈において健康格差を捉えることが肝要であろう。深刻な健康格差がいかなる意味で道徳的に問題であるのか。さらには、そういう格差はいかなる義務を、グローバル正義の問題としてわれわれに課すと考えられるのだろうか。

さらには、この数年でわれわれは新型コロナウイルス（covid-19）のパンデミックを経験した。この未曽有の事態は、さまざまな課題をわれわれに突きつけた。とりわけ本章で言及したいのは、「ワクチン・ナショナリズム」の問題、つまり緊急事態における「自国民優先」をどう考えるかという問題である。

パンデミックの初期のまだ世界的にワクチンが不足している状況において、一部の先進国がワクチンを大量に買い占める事態が生じた。自国民の生命や健康が危機に瀕しているとき、国家が自国民のニーズを最優先するのはある意味では当然であるかもしれない。自国民の命を守るのは当の国家の第一の義務であり、国家の存在理由にかかわるからだ。ところが、その結果、一部の豊かな者だけがワクチンを享受できるような状況が生じてしまうとすれば、それは「公正さ」という観点からは問題かもしれない。公正さの観点からすれば、緊急事態であっても自国民を優先することは道徳的に許容できないのだろうか。「ワクチン・ナショナリズム」をどのように評価したらよいのだろうか。

これらの点に目を配りながら、本章では、これまで政治哲学においてあまり直接的には論じられてこなかったグローバルな健康格差について、いくつかの議論を紹介したい。

2　基本的人権としての健康権

健　康　権　と　は
いかなる権利か健康がグローバルな正義の問題であると考えられる１
つの重要な根拠は、われわれには「健康権」という基
本的人権があるからである。

　健康権という考え方は、1946年７月に承認され、1948年４月に発効した「世
界保健機関憲章」の前文で初めて世に登場し、その後1966年に国連総会本会議
で採択され、1978年に発効した「経済的・社会的及び文化的権利に関する国際
規約」において１つの独立した権利として規定された。たとえば、「世界人権
宣言」の第25条第１項には、次のように書かれている。

　　すべての人は、食糧、衣類、住居及び医療並びに必要な社会サービスを含む、自己
　及び家族の健康及び福祉に十分な生活水準を確保する権利並びに失業、疾病、障害、
　寡婦生活、老齢その他不可抗力による生活の欠乏の場合に保障される権利を有する。

　あるいは、「経済的、社会的及び文化的権利に関する国際規約」の第12条に
は次のようにある。

　　この規約の締約国は、すべての者が到達可能な最高水準の身体的及び精神的健康を
　享受する権利を有することを認識する。

　さらに、こうした規約の国際的な解釈を助ける意味で、2000年に「一般的意
見14」が出されている。それによれば、「健康は他の人権の行使にとって不可
欠な基本的人権」であり、「すべての人間は、尊厳ある人生を送るために到達
可能な最高水準の健康を享受する権利を有する」とされる。

　健康権は、多くの国際人権文書において明文化されており、諸種の権利を実
現するうえで、保護されるべき権利であると考えられる。たとえば、1979年の
女性差別撤廃条約では、前文において「貧困の状況において、女性は食料、健
康、教育、訓練、雇用及びその他の必要な機会へのアクセスが最も少ない」と
され、第12条において、締約国に対し、保健医療の分野における女性に対する
差別を撤廃し、家族計画に関するものを含む保健医療サービスへのアクセスの

平等を確保する措置をとるよう求めている。あるいは、1989年の子どもの権利条約では、子どもは生命および発達の権利（第6条）を含む「身体的及び精神的健康」（第17条）に特に関連する特別なケアを受ける権利があることを確認しており、国家は乳幼児の死亡率の減少、医療援助とプライマリーヘルスケアの確保、病気と栄養不良との闘い、清潔な飲料水の提供、健康・栄養・衛生に関する情報と教育の提供（第24条）などの措置をとる義務があるとしている。

　このように健康権は、諸種の人権との関連で保護されるべき権利であり、「一般的意見14」でも確認されているように、「他の人権の行使にとって不可欠な」権利だとされている。この考え方は、ヘンリー・シューの「基本権」の議論に見いだされる。これまでの章でしばしば言及してきたが、「基本権」とは、他のあらゆる権利を享受するうえで、それを可能にする条件となる権利であり、誰もその線を下回ることを許されない閾値を規定するものである。

　シューによれば、基本権は「安全への権利」「生存権」「自由権」という3つの権利群からなり、「生存権」のなかに、十分な栄養、衛生、基本的な健康管理などに関する権利が含まれる。それは、人権に対する「標準的脅威」を退け、他のあらゆる権利を享受するための基本的な前提条件だと考えられるというわけだ。こういう解釈からすれば、健康権とは、特定の流行病に対する予防接種の権利、清潔な飲料水へのアクセス、医師の診察や医療従事者の立ち会いによる出産など、基本的なヘルスケアに関する規定などにかかわるものだと考えられるであろう。

　とはいえ、人権規約にあるように、健康権とは「到達可能な最高水準」の健康を保障するものでもある。そうだとすれば、この「到達可能な最高水準」をどのように解釈するかによって、その権利が実質的にどの程度の内容を含むのかも大きく変化することになる。

　自分が所属する社会において到達可能な最高水準という解釈もできるかもしれない。または、世界のどこでも到達可能な最高水準の健康を享受する権利であるという解釈も可能である。後者のように解釈すれば、たとえば、健康権には、どの社会の者も平均して80歳くらいまでは生きてゆける権利という含意があることになる。だとすれば、途上国の人びとの健康権を保障するには絶大な努力が求められるであろう。

この点との関連で、健康権はわれわれにいかなる義務
を生じさせるのかといった点も論争的である。これは
権利そのものをどう解釈するかにもよるが、20世紀初頭のアメリカの法学者
ウェスリー・ニューコム・ホーフェルドの分類に従って、権利を「請求権」
（claim rights）であるとしよう。そうすると、各人は、国家（および当の国家がそ
の責任を果たせない場合には国際社会）に対して、健康権を保障するように正当に
権利要求できるということになる。いいかえれば、各人の健康権を実現する義
務は、第一義的にはその者が所属する国家にあるのだが、当の国家にその実現
が不可能な場合には、別の国家や国際社会にその義務が降りかかってくるとい
うわけだ。この意味では、健康権は積極的義務を呼びおこすと考えられるので
ある。

　かかる権利解釈には異論もあり、ある人が権利をもつことが自動的に他者に
対して積極的義務を負わせることになるという見方を取らない論者もいる。た
とえば、トマス・ポッゲは、健康権は、グローバルな健康格差の文脈におい
て、他者に対してその権利を保障する義務を生じさせるというよりは、その者
の健康権を侵害しない消極的義務を生じさせる、という議論を展開する。

　すでに第3章で触れたとおり、ポッゲは、他者に危害を加えないという消極
的義務の観点から、グローバルな正義の義務を導出しようとする。ポッゲはそ
の議論を、健康格差の問題にも当てはめる。彼は新薬の開発およびそれにまつ
わる特許（知的財産保護）の問題に関心を寄せて、次のように論じる。

　通常、医薬品は開発するのに多大なコストがかかる。そして完全自由市場に
おいては、せっかく多大な投資をして新薬を開発しても、そのコストを回収し
きる前に、別の競合する企業が類似の医薬品を市場に投入できる。それゆえ
に、製薬会社からすれば、新薬をわざわざ製造するインセンティブは生じな
い。したがって、一般には、製薬会社に特許を与え、ある一定の期間を設けて
独占的に利益を得られるように保障するのだ。

　だが、ポッゲによればこのシステムは道徳的に問題がある。なぜなら、一定
の期間であるとはいえ、企業が薬価を自由に決定できることになり、そうであ
れば、途上国の人びとや政府は必要な医薬品を購入できないことになってしま
うからである。さらには、新薬の開発が市場における利益と結びつくと、それ

は「売れる」薬の製造にはつながっても、途上国において甚大な健康被害をもたらす病などに対する医薬品の開発には必ずしもつながらないおそれもある。

　ゆえにポッゲは、先進国や道徳的配慮のある投資家が「健康影響基金」（health impact fund）に投資すべきだという。「健康影響基金」は、世界の疾病を根絶するためにどれだけ貢献したかに応じて、製薬会社にお金を支払うのである。これによって、製薬会社や研究者の利益と、諸種の病に苦しむ人びとの利益が一致することになり、人びとの健康が守られることになるだろう。これは、世界の貧しい人びとのあいだで予見可能な人権の欠損につながるグローバルな健康保護システムを押しつけないという消極的義務の観点にもとづくものである。

　このように、健康権は論争的なものである。われわれには健康に対する基本的人権があるのだ、という主張は直観的には妥当であるように思われる。けれども、それは実質的にはどのような内容までを含む権利であるのか、あるいはその権利がわれわれになんらかの義務を生じさせる請求権として理解されるとすれば、われわれは健康権の保障について、グローバルな正義の文脈において、いかなる義務を負うのだろうか。

3　健康に関するグローバルな正義論

（1）十分主義か平等主義

　周知のとおり、先進国の人びとと途上国の人びととのあいだには著しい健康格差がある。これをどのように是正するべきだろうか。それを考えるにはまず、健康格差が是正された状態とはどのような状態のことを指すのか、という点に触れておかねばならない。以下ではまず、グローバル正義論における「平等主義」（egalitarianism）と「十分主義」（sufficientalism）という2つの見方を確認しておこう。

　「平等主義」とは文字通り、当該の財の平等な配分を志向する。ただしそれは、財の配分は平等になされなければ不正であるという単純なものではなくて、仮にある財が平等に配分されないとすれば、それはなんらかの配分の原理によって正当化されなければならない、というものだ。

たとえば、ジョン・ロールズの「格差原理」はその代表的な議論である。ロールズは、所得などの配分においてある程度の格差があるとしても、そのような格差の存在が、再分配政策などを通じて最も貧しい者の状況を改善することに資するのならば、その格差は正当化可能であると論じた。つまり、平等主義とは、財の配分は平等になされるべきであり、そこで生じる不平等は、なんらかの原理に照らして正当化可能である場合にのみ、公正であると見なされる、という考え方である。

　他方で、「十分主義」からすれば、財の配分の不平等そのものがただちに正義の問題を引きおこすわけではない。十分主義は、各人が最低限所有すべき財について、その最低限のラインを下回らないかぎりにおいて、公正であると考える。より直截にいえば、たとえば各人は必ず享受すべき基本権があり、それ以下に沈むような状況はあってはならないということだ。逆にいえば、正義の問題になるのは、この基本権の実現の部分であって、それ以外の部分における不平等は正義の問題ではない、と考えられるのである。

　もっとも十分主義は、まさに「生存に必要なもの」だけを正義の問題として扱う議論では必ずしもない。重要なのは、あらゆる財の配分が正義の問題になるわけではなく、特定の財を十分に各人が保有できているかという十分性の要件を特定し、それを越える部分の不平等は正義の問題ではないという点である。

　この「平等主義」と「十分主義」のアプローチの違いは、健康格差の文脈で次のような形で現れる。たとえば、日本とレソト、および日本とマレーシアの平均寿命の差について考えてみよう。WHO の2022年のデータによれば、日本の平均寿命は84.3歳で世界第1位である。他方でレソトの平均寿命は50.7歳で最下位＝183位である。マレーシアの平均寿命は74.7歳で80位である。こういう不平等は健康に関する正義の問題だと考えられるのだろうか。

　日本とレソトの平均寿命の差は正義の問題であるというのは誰しもが同意するところだろう。レソトの平均寿命は世界の平均寿命（72.5歳）をも大いに下回っており、それは極度の貧困や飢餓、紛争、衛生面での問題などに起因するのは明らかであろう。ゆえに、平等主義的に考えようが、十分主義的に考えようが、日本とレソトとのあいだに平均寿命の大きな差があるような状態は不正

である。

　では、日本とマレーシアの平均寿命の差は、正義の問題として是正されるべきなのであろうか。十分主義者からすれば、これは正義の問題ではないかもしれない。「人は75歳ではなく85歳まで生きることができるべきだ」という要求は、財の保有の十分性の要件を大きく越えるものだと考えられるからだ。十分主義者は、当該社会の発展のあり方については、当の社会の人びとの選択に委ねるべきであると考える。ゆえにたとえば、A国は医療福祉政策に力を入れた結果として平均寿命が延びたが、B国は経済政策に力を入れたので、A国ほどの平均寿命は望めないとしても、その格差は不正ではないのである。

　他方で、平等主義者からすれば、日本とマレーシアの平均寿命の差は正義の問題であると考えられるかもしれない。両国の平均寿命の差は、自発的になされてきた（世代を越えた）社会的選択の結果であるとしても、各人がどのような国に生まれ落ちるかは全くの運にすぎない。その観点からすれば、原理的にいって、日本とレソトの平均寿命の差が正義の問題であるならば、日本とマレーシアの平均寿命の差も正義の問題である。正義は当人の責任のおよばない範囲で人生の行く末が左右されることを許してはならないのだとすれば、日本とマレーシアの平均寿命の差は、日本とレソトとの差ほど深刻ではないとしても、不正であることには変わりないのである。

　もちろん、平等主義者は、日本とレソトとのあいだの問題と日本とマレーシアとのあいだの問題を同じように処遇すべきだと主張するわけではない。ただ、平等主義者は次のように指摘する。十分主義者のように正義の問題を十分性の要件を下回る部分だけに限定して考えることは、正義を考えるうえで何か重要な点を見落としているのではないか、というわけだ。

（2）グローバルな健康格差への応じ方

　グローバルな健康格差にどのような観点から応じるべきだろうか。以下では、代表的ないくつかのアプローチについて、紹介していこう。

　　運　の　平　等　主　義　　1つの有力なアプローチは運の平等主義である。第3章で触れたように、運の平等主義とは、財の配分の公正さを論じるうえで、当人にとってはいかんともしがたい要素によって、その

人の財の分け前が増減するのは公正ではないという。こういう考え方を健康格差に当てはめて論じるのがシュロミ・セガールである。

　セガールは、著書『運・平等・健康』において、運の平等主義の観点からいえば、グローバルな健康格差について、どの国に生まれ落ちるかという極めて道徳的に恣意的な要素によって、各人の健康や寿命に影響することがあってはならない、という。たとえば公衆衛生政策を積極的に推しすすめるＡ国とそうではないＢ国があるとすれば、Ａ国に生まれれば、当然ながらその人は極めて健康な生を送り、手厚い医療も受けられるであろうし、逆にＢ国に生まれれば、その人の健康についての見通しは暗く、受けられる医療にも限りがあるかもしれない。そういう状況は不正であるため、どこに生まれようとも、人はみな国境線に関係なく、平等に健康を享受できるべきなのだ。

　だが、運の平等主義とは、運／不運という各人に降りかかるものと、各人が選択するものとを峻別する議論であった。だとすると、上のＡ国とＢ国の事例は、次のようにもいえる。つまり、Ａ国は、人びとの（民主的な）選択として公衆衛生政策を実行することを決め、Ｂ国の人びとは、彼らの（民主的な）選択として、公衆衛生政策ではなく、経済や文化などの別の政策に力を入れることを望んだのである。だとすれば、運の平等主義の立場に立てば、その選択の結果として、Ａ国の人びととＢ国の人びとの健康状態や寿命に著しい差があるとしても、それは正義の観点から是正すべき事柄ではないとも考えられるのである。

　こういう状況で、グローバルな健康格差の是正は正義の義務であるということは、ある社会の内部における格差については、その構成員一人ひとりの「責任」を考慮する一方で、グローバルな規模での格差の話になると、各社会の「責任」を考慮しないということである。だとすれば、それは富裕国が貧困国を救済すべきということありきの主張であり、運の平等主義は極めて恣意的な議論だということになろう。

　けれども、セガールは、既存のグローバルな健康格差はそれぞれの社会の選択の帰結であるので、正義の問題として是正すべきではないという議論に反論する。セガールからすると、上のＡ国とＢ国のあいだの健康格差が不正ではなく、Ｂ国の人びとの自己責任であると主張できるためには、いくつかの条件が

ある。

　第一に、B国には、必ずしも民主主義に則っていなくとも、その人びと全員で国家の公衆衛生政策を十分に決定できる政治的手段が備わっていることである。人びとが社会の政策決定にほとんど関与できない状況において、その政策決定の帰結に責任をもつべきだとはいえない。

　第二に、B国において公衆衛生政策を取らないことを選択した人びとが、そのことによって経済社会的な利益を得ていることである。これは、ある社会において、（民主的な）決定の帰結の責任を誰が負うべきかという点にかかわる。この点は第7章でも若干触れたが、たとえば、多少の不便さやコストの上昇などの犠牲を払ってでも環境に優しいエネルギーに切り替えるか、それとも現状のままのエネルギー利用を続けるかという選択において、私が前者を選んでそれが否決されたとしよう。そのとき私は、自分が望んだ政策は否定されたけれども、今のままのエネルギー利用をつづけるという恩恵を享受できる。ゆえに私は、その決定の帰結に関する道義的責任は免れても、自分が利益を得た政策の責任を負うべきだ。

　では、レソトの平均寿命が短いのは、レソトの人びとが公衆衛生政策を積極的に取らなかったからなのだろうか。公衆衛生政策を採用しなかったレソトの人びとは別の政策をとることで恩恵を受けているのだろうか。おそらくそうではない。最貧国は、その社会の選択以前の問題としてそもそも貧しいのである。

　第三に、A国が、たとえばB国から医師や看護師などを積極的に採用するなどして、B国の人びとの健康にまつわるニーズを満たせないような状況を作っていないことである。この点はグローバルな経済制度ともかかわるが、第5章で医療従事者の頭脳流出の問題を指摘したように、先進国は積極的に医療従事者を自国外から積極的に受けいれており、その結果、途上国は医師や看護師の不足に常に悩まされている。せっかく自前で医師や看護師を育成したとしても、彼らが国外に働く場を求めてしまうというのは、その送りだし国に帰責できることではない。

　このようにしてセガールは、途上国の人びとの健康状態が悪く、平均寿命が短いのは、その人びとの選択の結果であるという議論について、そのようにい

えるためにはいくつかの条件があること示す。そして、現状のグローバルな健康格差について、そのような条件は当てはまらないので、運の平等主義からは、人はみな国境線に関係なく、平等に健康を享受できるべきだという帰結が導かれると主張するのである。

| 健康に対する |
| 公正な機会均等 |

ダニエルズは著書『正義に適った健康』において、ロールズの「公正としての正義」に関する議論に依拠しつつ、ロールズが特段立ちいって論じることのなかった健康や医療を、そのなかに適切に位置づけようとする。第3章で触れたように、ロールズは、まずもって「基本財」が公正に配分されなければならないと主張したが、ダニエルズによれば、健康はそれ自体が「基本財」であるわけではないが、人は健康でなければ自分が善いと思う生き方を自由に探求できないという点に異論はなかろう。ゆえに、健康は各人が「基本財」を手にして善い生き方を自由に探求するための重要な条件である。

　ダニエルズからすれば、ロールズの議論の要点は「公正な機会均等」にある。つまり、ロールズが論じた「公正としての正義」とは、各人に対して、基本的自由および政治参加を平等に保障し、公教育、幼児期の支援、適切な公衆衛生・医療サービスを提供することで、「公正な機会均等」を保障する点にある。したがって、ダニエルズは、健康そのものというよりも、健康に対する機会が各人に均等に保障されるべきであると考える。

　ロールズが考える「公正な機会均等」とは、少なくとも他者と同じくらいの才能や能力に恵まれている者は、同じくらいの努力をしたとすれば、同程度の職業や地位にアクセスできる機会が与えられるべきだ、というものである。したがって、ダニエルズによれば、健康に対する「公正な機会均等」は、少なくとも他者と同程度の遺伝的体質を有する者であれば、他者と同じくらいの努力を健康管理に費やしたとして、同程度の健康状態や寿命を享受できるべきだと要求すると考えられる。

　こういう考え方は、先のセガールとは対照的である。セガールは運の平等主義の観点から、自分の責任のおよばない要素に起因する健康格差は是正すべきであると考える。ゆえに、セガールからすれば、生まれという要素や遺伝的な要因も考慮すべきである。だが、ダニエルズは、同じ遺伝的体質をもつ者のあ

いだで、仮に健康格差が生じるとすれば、それは問題だと考える。つまり、ダニエルズからすれば、是正すべきは健康／不健康を決定する社会的要因であり、自然的・遺伝的な要因ではないのである。

こうした両者の違いは、健康格差をどの程度是正すべきかをめぐる両者の見解の違いにつながる。ダニエルズは、健康／不健康の社会的決定要因を取り除くところまでを求めるという意味で十分主義の立場に立つ。けれども、セガールは、自然的・遺伝的要因から生じる健康格差も是正すべきだとして、平等主義の立場に立つのである。

ところでダニエルズは、ある社会において健康格差をもたらす社会的要因を特定し、健康に対する「公正な機会均等」が達成されるべきであるとすれば、それはグローバルな規模でも妥当であろうという。だが彼は、既存の健康格差をもたらしているグローバルな要因にどう対処すべきなのか、さほど積極的には展開していない。ただし、それに対するアプローチとして、第3章で触れたコスモポリタン的なグローバルな「正義の義務」論と、コミュニタリアン的なグローバルな「人道上の義務」論の両者ともに問題があるとして、その中庸の道を探るべきだと論じている。

まず、ダニエルズが槍玉に挙げるのは、ポッゲの議論である。ポッゲのグローバル正義論は、富裕国には貧困国に危害を加えない消極的義務を軸に据えるべきであり、グローバルな経済制度がもたらす深刻な危害を是正・回避することを最重要課題とすべきだ、というものだ。けれども、ダニエルズからすれば、グローバルな健康格差の要因は、グローバルな制度的加害だけに留まらない。たとえば、当の社会における人種、民族、宗教的要因などにもとづく格差もあれば、その社会のなかでの公衆衛生政策や医療政策のあり方に偏りがあるのかもしれない。そういう健康の社会的決定要因に目を向けずに、ポッゲのいうような制度的課題の是正に取り組むだけでは、グローバルな健康格差は埋まらないおそれが大いにあるのだ。

他方で、ダニエルズは、トマス・ネーゲルのようなコミュニタリアンも批判する。ネーゲルは世界政府の不在を理由に、強制的な財の配分をともなう正義の義務はグローバルな規模では正当化できないという。だが、ダニエルズによれば、グローバルなレベルで行われている国際機関などにおけるさまざまな決

定は確かに厳密な意味で民主的な正当性を欠くかもしれないが、だからといってそれを遵守しなくともよいということにはならない。たとえば、WTOで決まった一定の貿易に関するルールは強制的にその加盟国を拘束するものである。だとすれば、適切な国際機関による財の再分配は正当化されうる。

　先に例に挙げたように、新薬の製造にまつわる特許権に関するルールなどをWHOが主導して管理できるかもしれない。あるいは医療従事者の頭脳流出について、なんらかの取り決めが国連などによってなされるかもしれない。これらは間違いなく「人道上の義務」の範囲を越えているけれども、各社会はグローバルな正義の観点からそういうルールに従ってなんらかの「正義の義務」を果たしていくべきだと考えられるのである。

| 健康に関する ケイパビリティ・ アプローチ | こうした議論に加えて、近年では、「ケイパビリティ・アプローチ」の観点からグローバルな健康格差の是正について論じる者もいる。「ケイパビリティ・ |

アプローチ」とは、アマルティア・センやマーサ・ヌスバウムによって開発された、格差を是正するための規範的なアプローチである。

　センやヌスバウムによれば、ロールズの「正義の二原理」は格差を是正する原理としては不十分である。ロールズは結局のところ、所得格差を是正し、公正な機会均等を実現すれば、各人が善いと思う生き方を自由に探求する下地は整うだろうと考えていたからだ。だが、センやヌスバウムからすれば、所得格差を是正したとしても、健常者Aと障碍者Bが、全く同じ条件のもとで自分が善いと思う生き方を自由に探求できるようになるわけではない。Bは障碍者であるので、たとえば通勤や仕事をするにしても補助や介助が必要かもしれない。そうなると、Bは生活のあらゆる面でA以上にコストがかかる。つまり、AとBのあいだには「できること」という点で大いに差があるわけだ。センによれば、

　　資源や所得を平等化させることは、必ずしも各人によって享受される実質的な自由が平等化されることを意味しない。資源や基本財を自由へと変換する能力は、各人によって異なるからである（セン　2018［傍点は原文］）。

　したがって、何が「できるようになる」のかというところまで含めて、平等

を達成しなければならない。つまり、人びとのあいだで、「人間の固有の何らかの特徴をある程度まで発展させる、人間が行ったり、人間に特有の方法で自分自身を十分に陶冶できる能力」の平等を達成しなければならないのだ。

ヌスバウムは著書『正義のフロンティア』において、こういうケイパビリティ・アプローチを根本に据えたグローバル正義論を展開し、どこの誰であろうとも、以下の「中心的ケイパビリティ」を獲得できなければならないと論じる（ヌスバウム 2012）。

1　標準的な寿命までふつうに生きられること
2　健康であること
3　身体の健全性を維持すること
4　感覚や想像力を働かせ、考えることができること
5　感情や情緒的な愛着をもつこと
6　善い生き方を構想できるための実践理性をもつこと
7　有意義で尊敬に値する社会的所属をもつこと
8　動植物など自然界の他の種に対して配慮できること
9　遊び、笑い、楽しむことができること
10　自分の周りの物理的・政治的環境を管理できること

こういう、とりわけヌスバウムが論じるケイパビリティの議論をグローバルな健康格差の是正という文脈に取り込んで議論する者として、スリダール・ヴェンカタプラムとジェニファー・プラー・ルガーがいる。

ヴェンカタプラムの著書『健康正義』によれば、健康とは単に病気に罹患しないことや早死にしないことといった消極的な意味で理解されるべきではない。彼によれば、健康とは、各人が平等に人間の尊厳に値する生活を営むことにおいて、一連の基本的なケイパビリティおよび機能を達成し行使するために人がもつ能力である。つまり、人は「健康であるためのケイパビリティ」（capability to be healthy）をもつことで、健康的な生を営むことができるのである。

ヌスバウムは『正義のフロンティア』で、上記の10個の中心的なケイパビリティについては、どこの誰であっても満たされるべきであるとして、非関係主義的なコスモポリタニズムの観点からグローバルな正義の義務を導きだす。ヴェンカタプラムは、基本的にこのようなヌスバウムの考え方を引き継ぎ、誰しもが「健康であるためのケイパビリティ」に対する道徳的権利要求を有す

る。彼は次のように述べる。

　ヌスバウムの推論に従って、私は次のように考える。すなわち、各人がもつべき10個の基本的ケイパビリティは、「その人が世界中のどこに住んでいようとも、道徳的な権利要求の源泉となる。つまり、人びとは、発展し、邪魔されることなく繁栄した人生を送ることができるべきだという道徳的権利要求を表明するものなのである」（Venkatapuram 2011［傍点は原文]）。

　ヴェンカタプラムによれば、健康は能力であり、どこの誰であっても人が有すべき道徳的権利要求の源泉となるわけだ。したがって、各人には「健康であるためのケイパビリティ」に対する人権があるのであり、それに応じる諸種の健康にまつわる義務があることになる。誰もがもつべき「健康であるためのケイパビリティ」をもてない者に対しては、諸種の主体がそれを保障する義務を負うわけだ。そうした義務はローカルな義務でもあり、ナショナルな義務でもあり、グローバルな義務でもありうる。すなわち、人びとの「健康であるためのケイパビリティ」を満たす義務を実行するうえで、国境線はなんの意味ももたないのである。

　このように、ヴェンカタプラムが非関係主義にもとづくコスモポリタニズムを擁護するとすれば、他方でルガーは、著書『グローバルな健康正義とガヴァナンス』において、「地域的グローバリズム」（provincial globalism）という観点から、健康格差を縮小させるグローバル・ガヴァナンスの理論的指針を提供しようとする。

　ルガーも、ヌスバウムの「ケイパビリティ・アプローチ」を中核に据えて議論を展開する。ルガーによれば、人が生を営むうえで「健康に関するケイパビリティ」（health capability）を備えていることが決定的に重要である。彼女は、「中心的な健康に関するケイパビリティ」（central health capability）として、予防可能な病気に罹患しないですむことと、早死にしないことを特に重視し、他の能力の基盤をなすものであると考える。これは「健康に関するケイパビリティ」の最低限度を示すものであり、どこの誰であっても、「中心的な健康に関するケイパビリティ」が満たされなければならないという。このことをルガーは、「立場の反転可能性」（trans-positionality）という言葉で説明している。

つまり、グローバルな健康正義の道徳的基盤は「立場の反転可能性」に求められるのであり、人間にとっての重要な「機能」について、異なる文化や価値観を有する他者との立場を越えた対話や合意形成が求められる、というのである。

　では、人びとのこうした「健康に関するケイパビリティ」を満たす義務を負う主体は誰なのだろうか。そこで、ルガーは「地域的グローバリズム」を提唱する。これは一言でいえば、「健康に関するケイパビリティ」を満たす義務は国家だけが負うものでも国際機関だけが負うものでもなく、それぞれの主体がそれぞれの責任を果たすことで、その義務を実行していくべきだという多層的なガヴァナンスのモデルである。

　ルガーによれば、グローバルな健康格差に応じる義務は諸種のさまざまな主体にあり、それは互いに衝突したりするわけではない。たとえば、WHOなどの国際機関は、健康に関する知識や情報を共有したり、啓発活動を行うことができる。あるいは、国際的な枠組みを通じて技術や資金を援助したりすることで、途上国のエンパワーメントを促進することができる。他方で、国家は自国民の健康ニーズを最も理解しているはずであり、主として国内における医療資源の再分配などを通じて、健康格差に応じることができる。

　ルガーの「地域的グローバリズム」は、ダニエルズが主張したようなコスモポリタニズムとナショナリズムの中庸のあり方の1つを示唆している。グローバル正義論は、ともすれば、義務を負うのかネイションか、それとも国際社会かといった二者択一で論じられることが少なくなかった。けれども、ルガーによれば、ローカルな主体も、ネイションも、国際社会もそれぞれが義務を負うのであり、重要なことは、各主体が適切なやり方でグローバルな健康格差に応じる義務を果たすことなのである。

　以上のように、ヴェンカタプラムとルガーのケイパビリティ・アプローチに基づく議論は、グローバルな健康格差について十分主義の立場を取り、健康に関するケイパビリティの最低限度を下回る人びとに対して、それを保障するグローバルな義務が存在することを明らかにするものである。そして、とりわけルガーは、地域的な制度枠組み、ナショナルな制度枠組み（国家）およびグローバルな制度枠組み（国際機関）それぞれが相応の責任を果たすことで、グローバルな健康格差に取り組むべきだと論じるのである。

4　パンデミックとワクチン・ナショナリズム
──同胞はどこまで優先されるべきか

（1）ワクチン・ナショナリズム

　少し別の角度からも健康格差とグローバル正義について触れておこう。われ
われは新型コロナウイルス（covid-19）のパンデミックを経験し、危機的な状
態からは脱したとはいえ、それはまだ完全に終息したわけではない。このよう
な世界的な健康危機に対して、グローバル正義は何を語ることができるのだろ
うか。ここで考えるべきは、緊急時に自国民を優先することはどの程度正当化
されうるのか、という問題である。

　新型コロナウイルスのパンデミックは、ある意味では、コスモポリタニズム
の脆弱さとナショナリズムの強靭さを浮き彫りにしたといえなくもない。たと
えば、パンデミックのもとで、各国政府は一斉に国境を封鎖して、人の移動を
強制的に制約した。当時は都市封鎖（ロックダウン）が頻繁に行われ、国内で
も自由に移動ができないほどであった。それは自国民の命を守るための1つの
重要な方策であると考えられたのである。

　そして各国政府は、自国民の命と健康を守るために、医療機器や治療薬の確
保に奔走した。たとえば、アメリカは、まだワクチンが本格的に普及する前
に、製薬会社と取引をして、レムデシベル（もともとはエボラ出血熱の治療薬とし
て開発が進められてきたが、新型コロナウイルスの治療にも効果が期待された抗ウイル
ス薬）を独占的に購入できるようにした。治療薬以外にも、人工呼吸器や主に
医療従事者が必要とする個人用防護具、あるいはマスクなどが大いに不足し、
各国間で熾烈な獲得競争が繰り広げられた。それはワクチンも然りである。

　パンデミックの初期には、ワクチンは絶対的に不足しており、ワクチンを製
造できる能力がある国家も限られていた。そういうなかでは当然ながら、高い
お金を出してワクチンを購入できる富裕国ばかりにワクチンが供給されること
になる。こういう状況において、たとえばアフリカ疾病管理予防センターの
ジョン・ケネンガソン所長は、2021年の後半になるまでアフリカにはワクチン
が全く届かないかもしれないという懸念を表明し、それを「道義的問題」であ
るとして、ワクチンの公正な配分を求めた。

このように国を挙げてワクチンを買い占めることは「ワクチン・ナショナリズム」と呼ばれる。確かに、希少なワクチンを結果的に富裕国が独占するような状態がもたらされてしまうのは、直観的に望ましくないと思われるかもしれない。だが、他方で、自国民の基本的な健康ニーズが著しい危機に瀕しているとき、政府はよそ者よりも自国民のニーズを優先するのは当たり前であるとも考えられるかもしれない。政府の第一義的な役割は自国民の生命や財産の保護にあるからである。

　ワクチン・ナショナリズムはいかなる場合にも許されないのだろうか。それともなんらかの形で正当化できるものなのだろうか。

（2）ワクチン・ナショナリズムは道徳的に正当化できるか

　デイヴィッド・ミラーは、著書『グローバル化とネイションの責任』において、現在のパンデミック下の状況を予期していたかのような極めて興味深い議論を提示していた。

　　インフルエンザが突然大流行し、政府はこの病気に罹りやすい人びとのうちの限られた数のみに接種できるほどのワクチンしか保有していないとする。この場合、同国人の処置を優先することは誤りではないように思われる。すなわち、余剰のワクチンを海外に送る前に同胞の治療を優先すること、つまり、年齢やその他の関連する基準に照らして、罹患しやすい集団に属すると特定されたすべての同胞にワクチンを提供することは、摂取対象として選ばれた同胞よりも、一部の外国人が罹患しやすいと想定されるとしても、正しいように思われる。そしてこのことは、たとえ自分たちよりも罹患しやすい外国人が自国の医療サービス機関からワクチンを受けとれないことが分かっていても、依然として正しいのである（ミラー 2011［傍点は原文］）。

　ミラーは、外国人よりも同胞を優先するワクチン・ナショナリズムを許容するわけだが、このミラーの議論をどのように評価できるだろうか。たとえば、ニコール・ハスーンは、ワクチン・ナショナリズムは倫理的に正当化できるものではないという。彼女によれば、生まれながらにして恩恵を受けるに値する者など誰一人として存在しないし、自分がどこで暮らすことになるかを明確にコントロールできる者もほとんどいない。途上国や貧困国の多くの人びとがウイルスに罹患し、極めて希少な人工呼吸器を分けあい、亡くなった人が無造作

に集団墓地に埋葬されるような状況が起こっているなかで、富裕国がワクチンを独占してもよいなどということが倫理的・道徳的に許容できるはずがない、というわけだ。

　あるいは、トマス・ボリキーとチャド・ボウンは、ワクチン・ナショナリズムは「自国第一主義」（my country first）を招くという。各国がそれに取りこまれてしまうと、絶対的に希少な資源の奪いあいに発展し、結果的に途上国はその争いから締めだされることで、資源が最適に配分されないことになってしまう。ワクチン・ナショナリズムは「競合」や「争い」などと結びつき、パンデミックにグローバルな規模で立ち向かうために必要な「連帯」や「協力」に各国が背を向けることを助長してしまう、というわけだ。

　けれども、だからといって、ワクチン・ナショナリズムは倫理的・道徳的に不正だというコスモポリタンの主張は極端すぎるようにも思われる。危機的な状況において、他国の者よりも自国民を救うことが許されないというのは、目の前で溺れているわが子と他人の子のどちらかしか助けられない場合に、わが子を助けるのは不正だということと同義である。しかしながら、そのことはわれわれの道徳的直観に反しているのではないだろうか。

　人は他者に対して危害を加えてはならないなどといった一般的な義務を負う。しかしながら、われわれは関係性の網の目のうえで生を営んでおり、他者と特別な関係性を取り結ぶ。そういう特別な他者に対しては、一般的な義務以上の特別な義務をお互いに負うというのは極めて自然なことである。問題は、そういう特別な義務と一般的な義務が対立する場合、もっといえば、特別な義務を優先することで、他者が危害を被ってしまう場合に、それでも特別な義務は優先されるといえる理由を見いだすことができるかどうか、という点であろう。

（3）ワクチン・ナショナリズムに対する制約原理

　ここで、カイル・ファーガソンとアーサー・カプチャンは、ワクチン・ナショナリズムを３つに分類する。すなわち、第一に「醜い」ワクチン・ナショナリズムである。これは自国民の生活や利益だけが常に他国の人のそれよりも価値があるものだと見なす考え方である。第二に「盲目的な」ワクチン・ナ

ショナリズムである。それは、他国の人の生活や利益を大切にすべきだという考えには同意するけれども、そうすべき理由や責任が自分たちにあるわけではないという考え方である。第三に「善良な」ワクチン・ナショナリズムである。それは、他国の人の生活や利益を大切にすべきだと考え、彼らに対する義務があることを認識すると同時に、自国民に対する特別な義務も同じように重要であるとする考え方である。

　ファーガソンとカプチャンは、「醜い」あるいは「盲目的な」ワクチン・ナショナリズムは拒絶されるべきだが、「善良な」ワクチン・ナショナリズムは、一定の条件や制約のもとでむしろ受けいれられるべきだという。では、ワクチン・ナショナリズムに対する制約とはいかなるものであろうか。

　たとえばミラーは、ワクチンの絶対的な不足によって、他国の人びとの人権を保護する義務を果たせずに、同胞を優先せざるをえない場合、彼らの人権ができるかぎり早期に保護されうるように行動しなければならないという。つまり、自国民を優先するのであれば、他国の人びとの欠乏状態を早く終わらせるための義務を負わなければならない。ワクチン・ナショナリズムが是認できるのは、他国に対して経済援助を行ったり、治療薬の特許権を停止して後発薬の製造を許可するなど、他国がワクチンを入手できないことによる不利益を別の手段で相殺する義務を果たす場合だけだというのである。

　ただし、エイリー・ビートンらは、ワクチン・ナショナリズムが是認されるにはさらにいくつかの条件があるという。まず、自国民に優先的にワクチンを供与することが、少なくとも他国の状況を著しく悪化させないことである。たとえば、自国の経済の早期の回復といった極めて利己的な理由で、他国に配分されるべきワクチンを奪い取っているとすれば、そういうワクチン・ナショナリズムは明らかに不正である。

　また、ワクチン・ナショナリズムは、ワクチンを優先的に購入できるほどに豊かな国だからこそ行使できるものである。だとすれば、そのような相対的な優位な立場や豊かさを不当に手に入れたわけではないことも、ワクチン・ナショナリズムを是認できる１つの重要な要件である。たとえば、隣家に強盗に入って得たお金を自分の家族や友人のために使うなどということは許されないのである。

もちろん先進国が享受する豊かさは、すべてが不当な方法で得られたわけではないだろう。だが、本書でも指摘してきたように、先進国の多くは過去に植民地支配を行った経験もあれば、現在のグローバルな経済秩序は先進国に有利なように形作られており、それは途上国を貧困状態に留め置くように機能しているのである。そのような歴史的あるいは制度的加害のもとに先進国の豊かさがあるのならば、そういった国々のワクチン・ナショナリズムの行使には、それなりの条件や留保がついてしかるべきであろう。

　ワクチン・ナショナリズム、あるいは自国民優先は「善良」で「誠実」なものでなければならない。それはいいかえれば、普遍的な義務を果たすという制約を受けいれるナショナリズムである。ある時点では自国民を優先せざるをえないとしても、そのことが引きおこすリスクやコストを認識し、それをできるかぎり緩和・軽減する義務を積極的に実行していくべきなのである。

　したがって、あらゆるワクチン・ナショナリズムは不正であり許されないというのは言いすぎだが、だからといってワクチン・ナショナリズムは当たり前のように是認されるものでもない。自国民を優先することは、他国の人びとに対する普遍的な義務を果たすという制約のもとで、道徳的に正当化可能なのではなかろうか。

5　おわりに

　こうしてみると、健康格差には「コスモポリタン＝コミュニタリアン論争」の縮図が現れているといってよいだろう。健康権をどのようなものとして定義するかはともかく、あるいは権利ではなく、ケイパビリティという言葉で論じたとしても、地球上の誰しもにとって、それは本質的に重要であるといえる。少なくとも、健康権は各人が善き生の構想を自由に探求できるための、1つの基本的な要件である。したがって、誰もが健康であるべきだし、著しい健康格差は是正されてしかるべきであり、そのことによって、健康格差を是正する義務が部外者に生じるかもしれない。

　しかしながら、健康は各人にとって重要であるからこそ、それが世界的な規模で脅かされるような状況が生じたとすれば、「自国民優先主義」が顔をもた

げることになる。みなにとって大事なものであればこそ、それが極めて希少な財になったときに、誰に優先的に配分すべきかという問題が浮上する。このとき、「自国民優先主義」はそれでもなお許容されるべきではないのだろうか。危機的な状況において、自分がもっている食料を自分の子どもに分け与えるか、それとも見知らぬ他者に分け与えるのか。こういう選択において、自分の子どもに分け与えるという選択を正当化できないのだろうか。

　みなを平等に処遇するということと、自分の近しい人を優先する（えこひいきする）ということは両立しないのだろうか。あるいはどのようにすれば両立するのだろうか。よりいっそう深い考察が求められる。

○ Further Topics 8　　治療薬へのアクセスの平等と特許権

　健康権を保障するには、人びとが病気にかかったときに適切な治療薬にアクセスできることが不可欠である。だが、本章でも触れたように、治療薬へのアクセスの平等はしばしば製薬会社の特許権（知的財産権）と衝突してしまう。

　ワクチンや治療薬の開発には多大なコストがかかるのであり、製薬会社に対して特許という形で、その販売から一定期間独占的に利益が得られるような形にしなければ、コスト分の回収もままならず、各企業は新薬の開発に二の足を踏むことになってしまうだろう。ゆえに、そういう事態を避けるために、WTOは1994年にTRIPS協定（知的所有権の貿易関連の側面に関する協定）を採択し、加盟国に医薬品に関する特許制度の導入を義務づけ、少なくとも20年間はその特許を保護することなどを求めたのである。

　だがそうすると、一定の期間であるとはいえ、企業が薬価を自由に決定できることになり、とりわけ発展途上国の人びとや政府は必要な医薬品を購入できないことになってしまうからである。また、インドやブラジルなどで行われたジェネリック医薬品の生産および販売も問題となり、貧困国の人びとに必要な治療薬が行きわたらないことになってしまう。

　WTOもこの点の問題は認識しており、2001年にはドーハ宣言（TRIPS協定と公衆衛生に関する宣言）が採択され、途上国の人びとの医療衛生状況の改善と矛盾しない形で、TRIPS協定を柔軟に解釈することが合意された。特にTRIPS協定31条のいわゆる「強制実施許諾」（一定の条件のもと、特許権者の許諾を得ずとも、当の医薬品を別の製薬会社も製造できるようにすること）について、「主として国内市場への供給のために許諾される」となっていたところを、国外への輸出を目的とした強制実施許諾も可能になったことで、治療薬の開発が事実上不可能な途上国に

も医薬品が行きわたりやすくなった点は重要な進展であろう。

　ただし、それでも基本的には自由市場において、私企業が治療薬を製造・販売して利益を得るという根本的な構造は変わっていないために、コロナウイルスワクチンの配分の状況を見ても、途上国にはわずかな量のワクチンしか行きわたらなかった。さらには、製薬会社は主として「売れる」薬を製造するために、買い手の多く存在する先進諸国の人びとのための新薬は開発されても、途上国の人びとの治療薬は二の次になりがちである。このことは、世界で見られる疾病のうち、90％以上はマラリアなどの世界の貧困層が罹患する疾病であるにもかかわらず、それらの治療薬の開発に費やされる額が、治療薬の開発費全体の10％にすぎないというところに如実に現れている。

　したがって、治療薬がより公正に行きわたるように、トマス・ポッゲは「健康影響基金」を提案する。世界の人びとの病気を治すのに、製薬会社がどれだけ多大な貢献をしたかを評価し、それに従って、製薬会社は「基金」から報酬を得るのである。あるいは、これは製薬会社にかぎった話ではないのだが、ニコール・ハスーンは「健康に関するフェアトレード認証」（Fair Trade Health Certification）を提案する。企業はその認証を得るために競争し、消費者から選ばれることによって利益を獲得するのである。いずれにせよ、私企業が他国の人びとの医療衛生状況の改善に貢献しようというインセンティブを生みだすことは極めて重要である。

　本当に必要な人びとに治療薬やその他の資源が行きわたり、人びとの健康権が大いに保障されるようにするために、どのような枠組みを構築することが最も公正なのだろうか。より深い考察が求められる。

【文献案内】

ポッゲ、トマス（立岩真也監訳）『なぜ遠くの貧しい人への義務があるのか』（生活書院、2010年）、特に第9章。

Hassoun, Nicole. *Global Health Impact: Extending Access to Essential Medicines*. Oxford: Oxford University Press, 2020.

戦　争

1　はじめに

　人類史とは戦争の歴史であるといっても過言ではない。とりわけ20世紀は「総力戦」の時代であるといわれた。純粋に兵士や軍事技術だけでなく、経済や産業、はたまた思想やイデオロギーなどあらゆるものが戦争に動員された。当然ながら成人男性だけでなく、女性や子どもも戦争にかかわるように強制され、「銃後の守り」という言葉も生まれた。第一次世界大戦中のヨーロッパのある村では、女性が無月経症に見舞われたという。戦争というのはそれほどストレスを与えるものなのである。

　戦争はなくなってほしいし、戦争の災禍などもたらされるべきではない。今、行われている戦争は即時停止されるべきだ。ほとんどの人は直観的にそう考えるだろう。では、あらゆる戦争は「道徳的に正しくない」のかといわれれば、返答に困るかもしれない。事実、もちろん最終手段ではあるとしても、戦争は外交の1つの手段であるというのは、完全には否定しにくいかもしれない。現在の平和は過去の戦争の結果として享受できている部分もあろう。そして何よりも、あらゆる戦争が不正なのだとすれば、不正な侵略からみずからを守る自衛のための戦争すら不正だということになってしまう。それはおかしなことだと思われよう。

　バラク・オバマ元アメリカ大統領は、2009年のノーベル平和賞受賞演説において、次のように語った。

　　戦争という手段は、平和を維持するうえで果たす役割が確かにあるのだ。だが、この真実は、また別の真実と表裏一体である。いかに正当化されようとも、戦争は人類に悲劇をもたらすという真実だ。兵士の勇気と犠牲は栄光に満ち、国家や大義や戦友への献身を示す。けれども、戦争自体は決して輝かしいものではないし、われわれは

決してそのように持ちあげてはならない。ゆえに、われわれが取り組むべきことの１つは、一見すると相反するこれら２つの真実を調和させることである。つまり、戦争は時として必要だという事実と、戦争はある程度において人間の愚かさの発露であるという真実である。

　平和をもたらすためにこそ戦争が必要な場合がある、というのは矛盾しているように思われよう。だが、オバマ元大統領は、「正しい戦争」は存在し、それを遂行することは必要であり正当だと主張する。それでは「正しい」戦争とはどのような戦争なのか。戦争の「正しさ」はどのように判断されるのだろうか。それについて考察してきたのが、いわゆる「正戦論」（just war theory）であり、その知的伝統は古代ギリシャ・ローマ哲学にまで遡ることができる。

　正戦論の思想史について、あるいは正戦論でこれまで論じられてきた具体的な内容については、いわゆる「戦争倫理学」に関する専門書、一般書、教科書などで触れられてきた。けれども、本書の目的からして、近年、正戦論においても「コスモポリタン＝コミュニタリアン論争」が反映された議論が展開されていることは注目に値する。

　特に2010年あたりから、「伝統主義者」と「修正主義者」という２つの陣営に分かれた論争が行われるようになった。「伝統主義」とは、これまでの正戦論の知的伝統における主流派の議論であって、とりわけ戦争を遂行しうる主体は基本的に主権国家であるとして、武力紛争に適用される国際法の道徳的基盤を提供することを目指す議論である。ゆえに、こういう議論はコミュニタリアニズム的な議論だといえる。だが、冷戦終結以降、1990年代の諸種の民族紛争の経験を経て、伝統主義の見方には疑問符が付されるようになった。

　「修正主義者」にいわせれば、第４章でも少し触れたように、従来の国際法は、「人類の良心に衝撃を与える犯罪」に直面しても、主権の壁の前に無力であった。したがって、武力行使に対する視点を、そのような国家中心的な観点から個人の権利（基本的人権）の保護に重心を移し、コスモポリタニズムの観点から正戦論を再構築しなければならない。修正主義者はそう主張するのである。

　こうした伝統主義者と修正主義者の論争は、正戦論を舞台にした「コスモポリタン＝コミュニタリアン論争」であるといってよかろう。そこで本章では、かかる「伝統主義者」と「修正主義者」との論争を軸に据えて、正戦論の新た

な展開について概観しよう。

2 　正戦の要件

　正戦論とは、国家が正当に遂行しうる戦争、つまり「正しい戦争」の要件を特定し、戦争がむやみやたらに起こされることをできるかぎり抑制しようとするものである。この議論は、伝統的には「開戦の正義（戦争への正義）」（*jus ad bellum*）および「交戦の正義（戦争における正義）」（*jus in bello*）という 2 つの要素からなると考えられてきた。近年ではこれに、「戦争後の正義」（*jus post bellum*）などが付け加わることもある。「伝統主義」と「修正主義」との論争も、この「正しい戦争」の要件をめぐって展開されている。そこでまずは、一般に正戦論で論じられる正戦の要件である「開戦の正義」および「交戦の正義」に簡単に触れておこう。

（1）開戦の正義

　「開戦の正義」に何を含めるかについては、実のところ論者によってさまざまなのだが、概ね次の 6 つの要素からなると考えられている。つまり、「正当な理由」、「正当な権威」、「正しい意図」、「最後の手段」、「比例性」（結果の均衡）、「合理的な成功の見込み」である。

正 当 な 理 由　第一に、戦争を始めるには、それ相応の「正当な理由」がなければならない。だとすれば、当然ながら何が「正当な理由」になりうるのか疑問に思うだろう。一般に想定されるのは侵略に対する自衛である。国連憲章では、あらゆる侵略は違法かつ不正であるとされている。マイケル・ウォルツァーも述べるように、「侵略に対する被害だけが戦争を正当化できる」のである。

　ただし、自衛だけが「正当な理由」になりうるのだろうか。ジョン・ロールズによれば、自衛のみならず、一定の例外的な重大事態においては、人権の保護も戦争の「正当な理由」となりうる。そうであれば、ロールズのいう「無法国家」に対する人権の保護を目的とした「人道的介入」も、「正当な理由」にもとづく戦争であると解釈されることになる。

また、侵略に対する自衛戦争だけが「正しい戦争」なのであれば、他国を侵略したりしないが自国の市民の人権を侵害するような国家が野放しにされることにもつながってしまう。ゆえに、いかなる国家であっても自衛権を主張できるのかも問われなければならないだろう。この点について、サイモン・ケイニーは、「正当な国家だけが自衛戦争を遂行する権利を有する」という。だとすれば、「正当な」国家とは何であろうか。

正 当 な 権 威　このことは、開戦の正義の第二の要件である「正当な権威」とは何かという問題につながる。戦争は「正当な権威」によって遂行されるべきだ。中世から近代の正戦論の伝統を形作ってきた理論家にとって、この要件は、戦争の「正しさ」を論じるうえで極めて重要であった。特に中世以降において、あらゆる私的な暴力と区別するために、国家（君主）が起こす戦争だけが正当なものだとされた。国家の正当性は、主権概念と結びつく。王権神授説であれ、人民主権説であれ、国家は「正当な権威」であると考えられるのである。

　とはいえ、現代世界では、正当性が疑わしい国家も存在する。ロールズが述べた「無法国家」、あるいは破綻国家や失敗国家、または軍部が実質的に支配しているような国家は「正当な権威」であるといえるのだろうか。少なくとも国家の正当性は自明ではないので、その正当性は常に問われなければならないだろう。

　さらに、国家だけが「正当な権威」であるとすれば、不正な国家において、自国民の利益や権利などを守るために立ちあがったレジスタンス組織などが起こした反乱や抵抗は、正当な権威が起こしたのではない不正な戦争であると見なされてしまうが、それでよいのだろうか。

正 し い 意 図　「正当な権威」によって、「正当な理由」にもとづいて行われる戦争であっても、「正しい意図」のもとに遂行される戦争でなければならない。つまり、戦争の背景に、不純な動機があってはならないのだ。たとえば、A国においてジェノサイドが行われているとして、A国の市民の人権の保護を理由に、国際社会の承認のもとでB国がA国に対して「人道的介入」を行ったとしよう。そのこと自体は正当であると考えられる。だが、実のところ、B国には、自国の外交政策を有利に進めるために、

A国の政権を打倒してそこに傀儡政権を打ち立てたい、というような思惑があったとすれば、B国の起こした戦争は不正である。

ただ、この「正しい意図」については、その重要性に疑念が呈されることもある。ダレル・メーレンドルフやケイニーは、上の例でいえば、喫緊の問題は、まずもってA国におけるジェノサイドという重大な人権侵害を防ぐことであるので、行為者がいかなる意図をもっているかどうかなど些末なことだと主張する。とはいえ、「意図」は行為者が最終的に何を実現したいのかということと密接にかかわる。たとえば、現在の中東情勢に鑑みれば、サダム・フセイン政権を排除したイラク戦争が、イラク国民の幸福に直結する「正しい意図」にもとづいていれば、別の形になっていたかもしれない。ゆえに、「正しい意図」も戦争の「正しさ」を形成する1つの重要な要件なのではなかろうか。

最後の手段 　戦争は「最後の手段」でなければならない。アレックス・ベラミーの言を借りれば、国家はやみくもに戦争を起こすべきではなく、「望ましい結果をもたらしそうなあらゆる戦略を慎重に考慮し、武力が結果の確保に最適な手段であると考えられる場合にかぎり」、国家は戦争という手段を選択できる。

ここで問題となるのは、「予防戦争」(preventive war) はこの最後の手段という要件と合致するかという点である。「予防戦争」とは、「現に発生しているわけでも、また切迫しているわけでもない危害を予見して開始される軍事行動」のことであって、現実に今にも差し迫った脅威に対応する「先制戦争」(pre-emptive war) とは区別される。

現に、危害を加えられるおそれがないとはいいきれないという理由で起こされたのがイラク戦争であるが、これは「最後の手段」という正戦の要件を満たしているのだろうか。見方によっては、「予防戦争」に訴えることは、紛争解決の「最初の手段」として戦争を用いているようにも思われるだろう。

比例性（結果の均衡） 　「比例性」も戦争の正しさを考慮するうえでの重要な要件である。ここでいう「比例性」とは、戦争を起こすことによって生じる危害や損失と、戦争によって実現されるであろう利益や効用とが釣りあっていなければならない、という意味だ。それは国家の戦争の遂行を、一定の妥当な範囲内に収めることを目的とする。ゆえに、国家は戦争

に訴えることの費用と便益を適切に説明できるべきであろう。

　さしたる被害を受けたわけでもないのに戦争に訴えるのは、戦争を起こすことによって回復される利益と、戦争遂行の費用が釣りあわない場合もあるだろう。そういう戦争は不正である。また、戦争は究極的にはその後の平和の実現のために遂行されるのだとすれば、戦後の平和が、戦争が行われなかった状況における平和よりも優れていなければ、その戦争は比例性の要件を満たしたとはいえないだろう。

> 合理的な成功の見込み

最後に、正しい戦争は「合理的な成功の見込み」のもとで遂行されねばならない。「比例性」の要件とも重なるが、明らかに失敗に終わるとわかっている戦争を遂行するのは不正なのである。だがそうすると、いわゆる小国Aが軍事大国であるB国から侵略を受けた場合に、A国がB国に対して起こす自衛戦争は、不正であると見なされてしまうかもしれない。小国が大国に軍事力で立ちむかうのは自滅的な結果しかもたらさないからである。

　だとすれば、自衛のための戦争は「正しい戦争」であったとしても、実質的にそれを行使できるのはある程度の軍事力をもった国家だけであり、小国の自衛戦争を認めないことになってしまう。この点は直観に反すると思われる一方で、自衛のためとはいえ、自国民の大半の命が危険にさらされるとわかっている戦争を遂行する権利が国家にはある、ともいいきれないだろう。

（2）交戦の正義

　ここまで論じてきた「開戦の正義」は、戦争を開始するにあたって満たされているべき「正しさ」の要件に関するものである。他方で、「交戦の正義」とは、戦争の戦われ方、つまり戦闘時の戦術や兵器の使用法にかかわる。一般にそれは、たとえば捕虜や民間人の保護などを規定したいわゆる「ジュネーブ諸条約」などの戦時国際法として具現化されている。

　「交戦の正義」も、その内容については論者によってさまざまだが、少なくとも「比例性」（手段の均衡）および「差別原則」（非戦闘員の免責）をその要素に含むという点に異論はないだろう。

| 比例性（手段の均衡） | 「交戦の正義」における「比例性」とは、戦争で用い
られる手段が、その目的と釣りあっているという意味
である。目的を達成するためであれば、戦争でどのような兵器でも無制約に使
用してよいわけではない。たとえば、太平洋戦争のおり、アメリカは日本の大
半の都市に対して空襲攻撃をしかけ、焼夷弾の雨を降らせた。さらには広島と
長崎に2発の原子爆弾を投下した。このことは、目的と手段の均衡という要件
に合致しているのだろうか。日本からすれば、甚大な被害であったことは間違
いない。だが、アメリカからすれば、とりわけ原子爆弾の投下によって戦争の
終結が早まり、自国の戦死者を大いに減らすことに寄与したというわけだ。た
だし、いずれにせよ、目的を達成するうえで必要以上の危害をもたらしてはい
けない、というのはもっともであろう。

| 差　別　原　則
（非戦闘員の免責） | 「差別原則」とは、戦争においては戦闘員（兵士）と
非戦闘員（民間人）を区別すべきであり、非戦闘員を
攻撃の対象とすることは決して許されない、というものである。しばしば指摘
されているように、第二次世界大戦においては、実に多くの民間人が犠牲と
なった。その象徴は、上述した原爆が投下された広島と長崎であり、さらには
ドイツ東部の都市ドレスデンである。大戦の末期、ドイツの敗北がほぼ決定的
な状況において、連合国軍はドレスデンに対して絨毯爆撃を行った。その死者
は少なくとも2万人以上にのぼり、街の大半が壊滅的な被害を受けたとされ
る。このような明らかに民間人をも標的にした無差別攻撃は、戦争においては
許されないのである。

　ただし、差別原則は理念としては極めてわかりやすく、もっともなのだが、
実際の戦争において、戦闘員と非戦闘員を区別できるかどうかは別問題である。
戦争において戦闘を繰り広げるのは、軍服を着た正規軍の兵士だけではない。
傭兵や民兵組織は言うにおよばず、一般市民ですら武装しているかもしれな
い。こういう状況では、戦闘員と非戦闘員を簡単には区別できない。そして、
ひとたび戦争になれば、民間人に被害が全くおよばないなどとは、残念ながら
考えにくい。ゆえに、場合によっては、「差別原則」が弱められることがある。
　ウォルツァーはそれを「二重効果」の原則を用いて説明する。「二重効果」
とは、ある行為によって2つの帰結が生じるとした場合に、副次的に生じた意

図せざる2つめの帰結については、当の行為者は責任を負わない、というものである。いいかえれば、ある軍事目的の達成のために、意図せざる民間人の犠牲者が出たとしても、それは道徳的に許容されるというわけだ。ただし、そうすると、差別原則は事実上骨抜きになってしまうおそれもある。戦争において民間人がどれだけ犠牲になろうとも、「意図したわけではない」ということで免責されてしまうからだ。

3 「伝統主義者」と「修正主義者」の論争

　以上のように、正戦の要件については、その内容を含めてかなり論争的である。ただし、いずれにしても、冒頭のオバマ元大統領の演説にもあったように、戦争の役割を一定程度認めるのであれば、その「正しさ」や「道義性」をどこに求めるのかという点は極めて重要である。そして、正戦にまつわる「伝統主義者」と「修正主義者」の論争は、端的にいってこの点をめぐって展開されている。

　もう少し具体的にいえば、伝統主義者の議論は、諸国家からなる社会の秩序の維持という観点から正戦論を組み立てようとしてきたという意味で、極めて国家中心主義的である。だが、ルワンダやダルフールなどでの危機的な人権侵害を前に、国際社会は有効な手立てを打てなかった。ゆえに、「修正主義者」は、国家中心的な観点から個人の権利（すなわち基本的人権）の保護に重心を移し、コスモポリタニズム的な観点から正戦論を再構築すべきだと主張するのだ。

（1）ウォルツァーの正戦論

　では、伝統主義と修正主義との論争において、特に修正主義者が伝統主義者の議論のどこを批判するのかを確認しておこう。伝統的な正戦論の系譜に連なる理論家は、古くから多く存在するが、一般に修正主義者が槍玉に挙げるのは、正戦論の現代の古典として名高い『正しい戦争と不正な戦争』を著したウォルツァーの議論である。そのウォルツァーに対して、正面から論争を挑んだのがジェフ・マクマハンであり、彼の著書『戦争における殺戮』は伝統主義と修正主義との論争をよりいっそう活気づけることとなった。

マクマハンによれば、ウォルツァーの議論の要点は次の３点にまとめられる。すなわち、第一にそのコミュニタリアン的性格、第二に「開戦の正義」と「交戦の正義」の分離、第三に「兵士の道徳的平等性」という主張である。

　ウォルツァーは、各人にとっての政治共同体（国家）の重要性に着目する。国家の道徳的地位は、国家がその市民の共同体的な生を保護するのかどうかによって定まる。こういう国家と市民との関係性を前提にすれば、国家の政治的主権と領土の一体性は守られなければならない。したがって、先に述べたように、市民の共同体的な生を脅かすような侵略に対する暴力をともなう対応、つまり自衛戦争は正当化される、というわけだ。

　ここで戦争を遂行できる唯一の主体は、市民の共同体的な生を守る責任を負う国家である。ウォルツァーの議論は、戦争を国家という集団と結びつける点で、コミュニタリアン的な議論である。それは戦争遂行にかかわる領域と、個人の道徳の領域の分離を前提とする。

　そうであれば、戦争を開始する大義名分などにかかわる「開戦の正義」と、個々の兵士の戦争中の行いや振る舞いに影響する「交戦の正義」は、原理的に別個のものでなければならない。戦争の「正しさ」は国家のレベルで決まるので、たとえば、「不正な」戦争に兵士が従事させられることはありうる。だが、その兵士は、「不正な」戦争に従事したという理由では裁かれたり罰せられたりすることはない。たとえ、戦争そのものが不正であろうとも、兵士は「交戦の正義」を遵守し、必要かつ適切な殺傷力を行使して、無辜の民間人ではなく敵兵だけを殺害するのであれば、それは不正な殺人ではないのである。こういう意味で、戦争そのものの正しさにかかわる「開戦の正義」と、戦時中の行為の正しさにかかわる「交戦の正義」は、そもそも適応されるレベルが異なるのである。

　このことは、「兵士の道徳的平等性」に直結する。ウォルツァーによれば、正しい戦争に従事していようが、不正な戦争に従事していようが、「交戦の正義」に従うべきであり、戦時中の兵士を律するのは「交戦の正義」を具現化した戦時国際法のみであるという意味で、いかなる兵士もみな道徳的に平等である。兵士は戦争そのものには責任を負わず、戦争中のみずからの行動だけにみな同じように責任を負うというわけである。

（2）マクマハンのウォルツァー批判

　こういうウォルツァーの議論に対して、マクマハンは次のように批判する。まず、マクマハンによれば、「兵士の道徳的平等性」には問題がある。不正な戦争に従事する者に殺人の許可を与えるというのは、道徳的に許容できないからである。犯罪の加害者が罪を犯しながら自衛権を主張できないのに対し、「不正な戦闘員」が武力を行使できるというのは、道徳的に支離滅裂だというわけだ。

　そうだとすれば、当然ながら「開戦の正義」と「交戦の正義」の分離も問題となる。戦争はそもそも「開戦の正義」を満たしているべきであり、「開戦の正義」に違反しているにもかかわらず、「交戦の正義」の原則の範囲内で行動する兵士の責任を問えないというのは道徳的に許容できない。

　こういうことになってしまうのは、つまるところ戦争を国家が行うものであるとして、戦争の正／不正は固有の道徳的な領域に属するという前提があるからである。だが、マクマハンにいわせれば、あらゆる暴力は、一連の共通の道徳原理をもってして正当化されるべきであって、ゆえに、「戦争における集団的な暴力を統御する原理は、国内の文脈における集団としての行動を統御する原理と同一であるべき」なのである。

　では原理の基盤をどこに据えるべきだろうか。マクマハンいわく、それは集団主義ではなくて個人主義である。修正主義者からすれば、戦争というのは諸個人間の紛争が単に大規模になったものにすぎない。だから、戦争の正当性はすべて、個人がみずからに対する危害を正当に防衛し、必要なかぎりで相手に対して加害することの正当性に還元できるというわけだ。

　修正主義者は概ねこのような形で伝統主義者、とりわけウォルツァーの議論を批判し、戦争について思考する際の「より深遠な道義性」の基盤に個人主義を据えて、正戦論を捉え直そうとするのである。

4　「コスモポリタニズム的な戦争観」──セシル・ファーブルの議論

　修正主義者のなかで、とりわけセシル・ファーブルは、マクマハンらの影響を受け、「コスモポリタニズム」を前面に押しだして、正戦論の再考を試みて

きた。

（1）ファーブルのコスモポリタニズム

　先に、ファーブルの議論の基盤をなすコスモポリタニズムについて確認しておこう。ファーブルによれば、コスモポリタニズムとは、「各人には道徳的価値が平等に備わっており、人は平等な関心と尊重をもって互いに接するべきだという基本的平等の原理」を信奉するものである。そのうえでファーブルは、ヘンリー・シューの議論に依拠して自説を展開する。

　まず、ファーブルは「十分主義」の立場を取る。つまり、あらゆる個人には「最低限のまともな生活」を送るために必要な資源や自由に対する権利があると考える。そういう基本的人権が保障されなければ、各人は善き生の構想を自由に探求できないからである。また、基本的人権は、政治的な国境線とは無関係に、あらゆる個人がもつべきものだ。それゆえ、基本的権利が脅かされている人びとに対しては、彼らの基本的権利を保障する「正義の義務」が、場合によっては部外者に降りかかるのである。

　興味深いのは、ファーブルが一般的なコスモポリタンとは異なり、国家の政治的自決や領土権の意義をある意味では積極的に認める点である。彼女はそのことを「基本的人権」の保護と絡めて論じる。ファーブルによれば、国家は市民および部外者の基本的権利を尊重するかぎりで、市民を集団として統治する正当な道徳的権利を有する。ゆえに、国家は統治権を、市民のために行動する受託者として行使する。よって、市民には、国家に従うことで基本的権利がよりよく保護される場合にだけ、従う義務がある。

　だとすれば政治的自決や領土権も、国境線の内外の人びとに対する基本的人権を適切に保障するかぎりで価値がある。ゆえに、政治共同体には、ウォルツァーが主張するような本質的な価値があるのではなく、「最低限のまともな生活」を送るのに必要な資源を提供するメカニズムとして手段的に価値があるにすぎないというわけだ。

（2）「コスモポリタニズム的な戦争観」の含意

個人の権利
としての戦争

ファーブルは、こうしたコスモポリタニズム的な観点から戦争を捉え直そうとする。とりわけ、戦争を遂行する権利を国家や政治共同体ではなく「個人」に帰属させようとするのだ。上述のように、国家には市民の「最低限のまともな生活」を守る手段的な正当性しかないとすれば、重要なのは国家という共同体そのものではなく、その市民一人ひとりの生であり権利であるはずだからだ。そうだとすれば、国家や政治共同体しかその主体になりえないと考えてきた伝統的な戦争観は、コスモポリタニズムに道をゆずらなければならない。

戦争を遂行する権利が個人にあるとすれば、個人が起こす戦争とはどういうものだと理解できるだろうか。ファーブルによれば、戦争を遂行する権利とは、「自分たちの基本権をよりいっそう侵害するため、あるいはその前段階として、（戦闘員として）致命的な脅威を与える者、あるいは（戦闘員の支援者として）その脅威に加担する者に対して殺傷力を行使する権利にすぎない」と考えられる。つまり、まずもって根本的な戦争の正当な理由となりうるのは、個人の「基本的人権」の侵害、各人の「最低限のまともな生活」が著しく脅かされていることであり、各人はその侵害からの自衛のために、各人が戦争に訴えることは正当であると考えられるというわけだ。

これらのことから、少なくとも次の3つのことがいえるであろう。第一に、各人には「最低限のまともな生活」を送るために戦争に訴える権利がある。たとえば、トマス・ポッゲが指摘してきたように、富裕国の人びとは、みずからに有利な経済構造を構築し、結果的に貧困国の人びとを貧しい状態に留めおくことの片棒を担いでいる（第3章参照）。つまり、富裕国の人びとは必ずしも意図的ではないにしろ、貧困国の人びとに危害を加えており、貧困国の人びとの「最低限のまともな生活」を送る権利を侵害している。

ゆえに、原理的には、著しく困窮した状態にある人びとに対する「正義の義務」の履行を怠っている富裕国の人びとは、戦争の正当な標的になりうる。貧困国の人びとには「生存のための戦争」（subsistence war）を起こす権利があるのだ。また、抑圧的な体制のもと暮らす個人は、「最低限のまともな生活」を送る権利を守るために、当該政府に対して正当に「反乱」を起こすこともできる。

第二に、「最低限のまともな生活」を送るために必要な基本的権利や自由の確保は、いわゆる「人道的介入」の正当性を裏づける。先述のように、国家は、国境線の内外の人びとに対する基本的人権を適切に保障するかぎりにおいて正当であると見なされる。したがって、国内外を問わず、人びとの基本的人権を尊重する国家だけが、部外者からの介入から守られるのであり、国家が正当であるためには、「最低限のまともな生活」を送れるようにするための義務を果たさなければならない。その一環として、権利侵害を引きおこしている国家に対する介入義務が生じるわけだ。

　第三に、各人が「最低限のまともな生活」を送るために、国家の政治的主権や領土の一体性が手段として重要であるのであれば、それらを守るために、各人が戦争を遂行できる場合がある。つまり、領土の一体性を守るための自衛戦争は、その侵略によって市民の「最低限のまともな生活」が脅かされるのであれば、正当であると見なされるのである。

「正当な権威」という要件の放棄　個人に戦争する権利があるとすれば、それは当然ながら「開戦の正義」の要件の１つである「正当な権威」に抵触する。ファーブルからすれば、「コスモポリタニズム的な戦争観」により適合するように、ありていにいえば、個人の戦争する権利を正当に擁護できるように、戦争の道義性にまつわるいくつかの基本原理は修正されるべきである。そこで彼女は、この「正当な権威」という要件を放棄すべきだと主張する。

　ファーブルは、その理由を次のように説明する。Ａ国がＢ国の政治的主権や領土の一体性を脅かすような武力行使を仕掛けてきたとすれば、一般にＢ国はＡ国に対して武力行使をする「正当な理由」があると見なされる。上述のように、そのことは、Ｂ国の政治的主権や領土の一体性が脅かされれば、Ｂ国の市民の基本的人権や「最低限のまともな生活」が保障されないという理由で、コスモポリタンも受けいれ可能である。

　このことを踏まえると、戦争の「正当な理由」を、個人の基本的な権利の侵害のみならず、集団的な権利や政治的な権利の侵害にまで拡大することは十分に可能であり、個人の権利および集団的な権利がともに、各人が「最低限のまともな生活」を送るうえで保護されるべきなのであれば、いずれかが侵害された場合に、それは開戦の理由になりうる。

そうだとすれば、A国において深刻な人権侵害に苦しむ宗教団体Bの事例はどうだろうか。たとえば、A国はBの宗教施設をすべて閉鎖し、怪しい宗教指導者を監視し、手下を送り込んで日常的にBの成員を殺害し拷問しているとしよう。明らかにBの成員の「最低限のまともな生活」は保障されていないにもかかわらず、Bは「正当な権威」ではないというだけの理由で、BがA国に対して起こす戦争は不正だとされてしまう。このことは、コスモポリタニズム的な観点からは受けいれられない。戦争を遂行する権利を有する主体は必ずしも「正当な権威」でなくともよいはずであり、戦争の「正しさ」を判断するうえで、「正当な権威」という要件はむしろ削除されるべきなのである。

5　批判的考察

ファーブルの「コスモポリタニズム的な戦争観」のねらいは、個人主義の観点から、非国家的な主体、とりわけ個人に戦争を遂行する正当な権利があると示すことにあった。

国家中心主義から脱することで、従来、あくまで極めて例外的にしか認められてこなかった人道的介入を、個人の基本的人権の保護という観点から無理なく正当化できる。また、基本的人権が侵害され、「最低限の品位ある生活」を送ることすら叶わない各人は、そうした権利を脅かす者たちに対して、「生存のための戦争」や「武力反乱」という形で、武力を行使する正当な権利があるといえよう。国家を唯一の戦争遂行の主体であるとしていた伝統的な戦争観では、こういう武力行使の正当性はどうしても見いだすことはできなかった。この点がファーブルの「コスモポリタニズム的な戦争観」の1つの重要な理論的貢献である。

とはいえ、ファーブルの議論をそのまま受けいれるわけにもいかないだろう。たとえば、1つの懸念は、これまで「開戦の正義」の重要な要件と見なされてきた「正当な権威」という要件を排除すべきだという主張にかかわる。

確かに、ファーブルをはじめとする多くのコスモポリタンが指摘するように、主権を有していても、正当性の点では疑問の余地のある国家は少なくない。そうだとすれば、そもそも国家が戦争の遂行主体としての「正当な権威」

であるのかどうかは常に問われなければならない。だが、「正当な権威」とは何かを常に問いつづけることと、「正当な権威」という要件を取り除くことは次元が異なる。

　このことは、とりわけファーブルのいう「生存のための戦争」や「反乱」における武力行使がなぜ正当であるといえるのか、という点とかかわる。既述のようにファーブルは、あくまで原理的にではあるが、極度の貧困にあえぐ人びとは、自分たちの基本的人権を侵害する富裕国の市民に対して武力を正当に行使できるという。しかも、この権利は個人の権利であるため、貧困にあえぐ個人が単独でそのような行動に打って出ることができる。だが、そうであれば、ウーフェ・スタインホフがいうように、これは極めて厄介な結論を含意する。スタインホフは次のように指摘する。

　　「極めて貧しい」者（あるいはその極めて貧しい者のために行動する主体）は、豊かな国にやってきて、裕福な人びと（ファーブルの説明では、貧者に対する積極的義務を怠っている可能性が高い）から選んで、金品を盗んだり、銃で襲ったり、最悪の場合、打ち殺すことができるということだ。……ファーブルの説明は、正義が何を許し、何を要求するかを本当に適切に描きだしているのか疑問である（Steinhoff 2013）。

　もっともファーブルは、「正当な理由」さえあれば、各人は戦争を遂行できるなどと主張しているわけでは決してない。だが、「比例性」などの要件を満たしたとしても、武力行使そのものが正当に権威づけられなくてよいのか、あるいは正当な主体によって行使されなくてもよいのか、という疑問は残る。

　実のところ、ファーブルは「正当な権威」という要件を取り除くことを主張する一方で、戦争を遂行しようとする個人に対して、２つの条件を課す。すなわち、「自分たちの共同体の仲間が、できることなら同意してくれると信じる十分な理由があること」、および「戦争が終結したときに、自分たちの責任を追及できるような制度枠組みを導入すること」である。

　これは、権威づけとまではいわないまでも、事実上の武力行使の正当化のメカニズムである。そして、このような括弧つきの正当化がなされているかどうかが、正当な武力反乱と単なるテロリズムを分かつ１つの基準となるわけだ。だが、ある個人が戦争を遂行する場合に、その戦争の正当性をまがりなりにも

担保する、当の個人以外のなんらかの背景的な正当化が必要だということであるのならば、戦争を遂行する権利は、純粋に個人の権利に還元できる、とはいいがたいのではなかろうか。

6　おわりに

「正しい」戦争とは何か。その要件とは何か。そもそも「正しい」戦争などありうるのか。疑問は尽きない。とはいえ、これまで一般に、侵略に対する自衛のみを「正しい」戦争であると考えてきた「正戦論」において、修正主義者のコスモポリタニズムにもとづく批判は、有意義な視点を提供したといってよいだろう。とりわけ、各人の基本的人権や「最低限の品位ある生活」の保障というコスモポリタニズム的な理念を基盤に据えることで、従来においてはあくまで極めて例外的にしか認められてこなかった「人道的介入」を無理なく正当化できる。さらには、極めて深刻な人権侵害の状況に置かれた人たちの自己防衛としての「生存のための戦争」の遂行や、抑圧された集団の「武力反乱」の正当化に道筋を開いた点は、評価できるだろう。

　だが、真にわれわれが認識すべきは、上述のような戦争が理論的に正当化可能であるということそのものではなく、そういう戦争を戦わざるをえないところにまで追いつめられた人びとが世界には存在するということだ。国家主権の壁に阻まれて彼らを救うことができないというのは、国際社会の怠慢である。そういう意味では、修正主義者の議論や、ファーブルの「コスモポリタニズム的な戦争観」を支持するかどうかはともかく、戦争を何か特別な道徳的領域において考えるのではなく、グローバルな正義論の文脈において捉え直す作業は、規範的な観点から重要であるように思われる。

○ Further Topics 9　　「戦争後の正義」と「移行期正義」

　戦争は、それが起きる前段階でまずもって防ぐべきであり、勃発してしまえば、戦時国際法に則って適切に戦闘が行われなければならない。これらにかかわるのが「開戦の正義」と「交戦の正義」である。けれども、起きてしまった戦争をいかに

終結させ、再び元の平和な状態に戻していくかという点も極めて重要だ。これらにかかわるのが、「戦争後の正義」(*jus post bellum*) である。

　ただし、「戦争後の正義」が何を含むのかについては意見が分かれるところである。たとえば、アレックス・ベラミーによれば、「戦争後の正義」は勝者の振る舞い方を規制するものである。当然のことだが、勝者だからといって何をやっても許されるわけではない。勝者としてできることは、自衛し、不当に奪われたものを取り返し、加害者を罰することだけだ、というわけだ。

　ベラミーは「戦争後の正義」の内容をかなり狭く考える。それに対して、ブライアン・オレンドは、もう少し広範な内容を含むものとして「戦争後の正義」を捉えるべきだという。それは勝者の振る舞いを規制するのではなく、戦場となった社会にいち早く平和をもたらすという勝者の義務にかかわる。その内容は、紛争処理における「比例性」と「公共性」、勝者が公正な平和をもたらす資格があることを示す「権利の立証」、兵士と民間人の「差別原則」、敗戦国の指導者および、勝者敗者関係なく違法行為に手を染めた兵士の「処罰」、金銭的な「賠償」、さらには敗戦国の社会の「復興」を手助けすることであり、それには武装解除、警察組織や司法制度の再整備、人権教育の提供など、当該社会の根幹をなす社会制度の再構築を支援することなどが含まれる。

　このようなこのオレンドの「戦争後の正義」の内容は、国際法や平和構築などで論じられる「移行期正義」(transitional justice) と大いに重なるものである。「移行期正義」とは、戦争や紛争などによる大規模な人権侵害に対して、被害を回復し、再発を防ぐために求められる正義の原理にかかわる。それは、「法の支配」や「民主主義」をもたらすこと、「真実」を究明すること、加害者に「赦し」を与えることや「処罰」することなどを含む。

　ただし、「戦争後の正義」と「移行期正義」は重なるところも大いにあるが、どちらかといえば、前者の主眼は戦争後の社会の平和の確立にあるのに対して、後者の主眼は社会を民主化することにあるという意味で、両者は異なる概念である。

【文献案内】

May, L. and Edenberg, E. (eds.) *Jus Post Bellum and Transitional Justice*, New York: Cambridge University Press, 2013.

Yusuf, H. O. and Van der Merwe, H. (eds.) *Transitional Justice: Theories, Mechanisms and Debates*, New York: Routledge, 2022.

引用・参考文献

序　論

アッピア、クワメ・アンソニー（三谷尚澄訳）『コスモポリタニズム──「違いを越えた交流と対話」の倫理』みすず書房、2022年。

井上達夫『増補新装版　他者への自由──公共性の哲学としてのリベラリズム』勁草書房、2021年。

グレイ、ジョン（藤原保信・輪島達郎訳）『自由主義』昭和堂、1991年。

ムルホール、スティーヴン／スウィフト、アダム（谷澤正嗣・飯島正蔵訳者代表）『リベラル・コミュニタリアン論争』勁草書房、2007年。

ワイト、マーティン（安藤次男訳）「国際理論はなぜ存在しないのか」バターフィールド、ハーヴァード／ワイト、マーティン編（佐藤誠ほか訳）『国際関係理論の探究──英国学派のパラダイム』日本経済評論社、2010年所収。

Blake, Michael. "We Are All Cosmopolitans Now," in Brock, Gillian. (ed.) *Cosmopolitanism versus Non-Cosmopolitanism: Critiques, Defenses, Reconceptualizations*, Oxford: Oxford University Press, 2013, ch. 2.

Brown, Chris. *International Relations Theory: New Normative Approaches*, New York: Columbia University Press, 1992.

Tamir, Yael. *Why Nationalism*, Princeton: Princeton University Press, 2019.

Wimmer, Andreas. "Why Nationalism Works: And Why It Isn't Going Away," *Foreign Affairs*, vol. 98, no. 2, 2019, pp. 27-34.

第 1 章

アーキブージ、ダニエル（中谷義和ほか訳）『グローバル化時代の市民像──コスモポリタン民主政へ向けて』法律文化社、2010年。

アームストロング、クリス（白川俊介訳）『なぜグローバル正義は重要なのか』晃洋書房、2024年近刊。

アウレリウス、マルクス（鈴木照雄訳）『自省録』講談社、2006年。

神島裕子『正義とは何か』中公新書、2018年。

川出良枝『平和の追求──18世紀フランスのコスモポリタニズム』東京大学出版会、2023年。

川本愛『コスモポリタニズムの起源──初期ストア派の政治哲学』京都大学学術出版会、2019年。

カント、イマヌエル（篠田英雄訳）『啓蒙とは何か　他 4 篇』岩波書店、1974年。

─────（樽井正義・池尾恭一訳）「人倫の形而上学」『カント全集〈11〉』岩波書店、2002年。

─────（御子柴善之訳）『道徳形而上学の基礎づけ』人文書院、2022年。

キケロー（泉井久之助訳）「義務について」『キケロー選集〈9〉哲学Ⅱ』岩波書店、2019年所収。

古賀敬太『コスモポリタニズムの挑戦──その思想史的考察』風行社、2019年。

コンドルセ（渡辺誠訳）『人間精神進歩史』岩波書店、1951年。

シュー、ヘンリー（馬渕浩二訳）『基本権──生存・豊かさ・合衆国の外交政策』法政大学出版局、2023年。

セン、アマルティア（池本幸生ほか訳）『不平等の再検討──潜在能力と自由』岩波書店、2018年。

ヌスバウム、マーサ「愛国主義とコスモポリタニズム」ヌスバウム編（辰巳伸知・能川元一訳）『国を愛するということ──愛国主義の限界をめぐる論争』人文書院、2000年所収。

ベイツ、チャールズ（進藤榮一訳）『国際秩序と正義』岩波書店、1989年。

ヘルド、デイヴィッド（佐々木寛ほか訳）『デモクラシーと世界秩序──地球市民の政治学』、NTT出版、2002年。

ベンサム、ジェレミー（中山元訳）『道徳および立法の諸原理序説（上・下）』筑摩書房、2022年。

ポッゲ、トマス（立岩真也監訳）『なぜ遠くの貧しい人への義務があるのか──世界的貧困と人権』生活書院、2010年。

山川偉也『哲学者ディオゲネス──世界市民の原像』講談社、2008年。

ロールズ、ジョン（川本隆史ほか訳）『正義論 改訂版』紀伊國屋書店、2010年。

ロック、ジョン（加藤節訳）『完訳 統治二論』岩波書店、2010年。

Cabrera, Luis. *Political Theory of Global Justice: A Cosmopolitan Case for the World State,* New York: Routledge, 2004.

Nussbaum, Martha. *The Cosmopolitan Tradition: A Noble but Flawed Ideal,* Cambridge：Harvard University Press, 2019.

Scheffler, Samuel. *Boundaries and Allegiances: Problems of Justice and Responsibility in Liberal Thought,* New York: Oxford University Press, 2003.

Schlereth, Thomas. *The Cosmopolitan Ideal in Enlightenment Thought: Its Form and Function in the Ideas of Franklin, Hume, and Voltaire, 1694-1790,* Notre Dame：University of Notre Dame Press, 1977.

Moellendorf, Darell. "Global Distributive Justice: The Cosmopolitan View," in Held, David. and Maffettone, Pietro. (eds.) *Global Political Theory,* Cambridge: Polity Press, 2016, ch. 3.

Vincent, Raymond John. *Human Rights and International Relations,* Cambridge:

Cambridge University Press, 1986.

第 2 章

ウォルツァー、マイケル（芦川晋・大川正彦訳）『道徳の厚みと広がり――われわれはどこまで他者の声を聴き取ることができるか』風行社、2004年。

神島裕子『正義とは何か』中公新書、2018年。

キケロー（泉井久之助訳）「義務について」『キケロー選集〈9〉哲学Ⅱ』岩波書店、2019年所収。

キムリッカ、ウィル（角田猛之ほか訳）『多文化時代の市民権――マイノリティの権利と自由主義』晃洋書房、1998年。

―――（岡﨑晴輝ほか監訳）『土着語の政治――ナショナリズム・多文化主義・シティズンシップ』法政大学出版局、2012年。

嶋田洋一郎『ヘルダー論集』花書院、2007年。

スミス、アダム（高哲男訳）『道徳感情論』講談社、2013年。

施光恒・黒宮一太『ナショナリズムの政治学――規範理論への誘い』ナカニシヤ出版、2009年。

タミール、ヤエル（押村高訳）『リベラルなナショナリズムとは』夏目書房、2006年。

ハイエク、フリードリッヒ（嘉治元郎・嘉治佐代訳）「真の個人主義と偽りの個人主義」『個人主義と経済秩序　ハイエク全集　Ⅰ-3』春秋社、2008年所収。

ヒューム、デイヴィッド（土岐邦夫・小西嘉四郎訳）『人性論』中央公論新社、2010年。

ヘーゲル、ヴィルヘルム・フリードリッヒ（藤野渉・赤沢正敏訳）『法の哲学〈1〉〈2〉』中央公論新社、2001年。

ヘルダー、ヨハン・ゴットフリート（高橋昌久訳）『人間形成に関する私なりの歴史哲学』京緑社、2021年。

マッキンタイア、アラスデア（篠﨑榮訳）『美徳なき時代』みすず書房、2021年。

ミラー、デイヴィッド（富沢克ほか訳）『ナショナリティについて』風行社、2007年。

ミル、ジョン・スチュアート（関口正司訳）『代議制統治論』岩波書店、2019年。

Canovan, Margaret. *Nationhood and Political Theory*, London: Edward Elgar, 1996.

Etzioni, Amitai. *From Empire to Community: A New Approach to International Relations*, New York: St. Martin's Press, 2004.

Gustavsson, Gina. and Miller, David. (eds.) *Liberal Nationalism and Its Critics: Normative and Empirical Questions*, Oxford: Oxford University Press, 2020.

Herder, Johann G. *Sämtliche Werke*, Bd. 14, Hg. von B. Suphan, Nachdruckaufl, Hildesheim: G. Olms, 1981.

Lukus, Steven. "Isaiah Berlin: In conversation with Steven Lukes," *Salmagundi*, no. 120, 1998, pp. 52-134.

Mill, John Stuart. *Collected Works of John Stuart Mill: A System of Logic*, London:

Liberty Fund, 2006.

Williams, Robert R. (ed.) *Beyond Liberalism and Communitarianism: Studies in Hegel's Philosophy of Right,* Albany: State University of New York Press, 2001.

第3章

伊藤恭彦『貧困の放置は罪なのか――グローバルな正義とコスモポリタニズム』人文書院、2010年。

上原賢司『グローバルな正義――国境を越えた分配的正義』風行社、2017年。

宇佐美誠（編）『グローバルな正義』勁草書房、2014年。

オニール、オノラ（神島裕子訳）『正義の境界』みすず書房、2016年。

神島裕子『ポスト・ロールズの正義論――ポッゲ・セン・ヌスバウム』ミネルヴァ書房、2015年。

シュー、ヘンリー（馬渕浩二訳）『基本権――生存・豊かさ・合衆国の外交政策』法政大学出版局、2023年。

シンガー、ピーター（児玉聡・石川涼子訳）『あなたが救える命――世界の貧困を終わらせるために今すぐできること』勁草書房、2014年。

―――（児玉聡訳）『飢えと豊かさと道徳』勁草書房、2018年。

ファインバーグ、ジョエル（島津格・飯田亘之訳）『倫理学と法学の架橋――ファインバーグ論文選』東信堂、2018年、特に第6章。

ベイツ、チャールズ（進藤榮一訳）『国際秩序と正義』岩波書店、1989年。

ポッゲ、トマス（立岩真也監訳）『なぜ遠くの貧しい人への義務があるのか――世界的貧困と人権』生活書院、2010年。

馬渕浩二『貧困の倫理学』平凡社、2015年。

ミラー、デイヴィッド（富沢克ほか訳）『ナショナリティについて』風行社、2007年。

―――（富沢克ほか訳）『国際正義とは何か――グローバル化とネーションとしての責任』風行社、2011年。

山田祥子『グローバルな正義と民主主義――実践に基づいた正義の構想』勁草書房、2020年。

ロールズ、ジョン（川本隆史ほか訳）『正義論　改訂版』紀伊國屋書店、2010年。

―――（中山竜一訳）『万民の法』岩波現代文庫、2022年。

Caney, Simon. "Cosmopolitan Justice and Equalizing Opportunities," *Metaphilosophy,* vol. 32, no. 1-2, 2001, pp. 113-134.

―――. *Justice Beyond Borders: A Global Political Theory,* Oxford: Oxford University Press, 2005.

Jones, Charles. *Global Justice: Defending Cosmopolitanism,* Oxford: Oxford University Press, 1999.

Miller, David. "Social Justice versus Global Justice?" in Gramme, Olaf. and Diamond,

Patrick. (eds.) *Social Justice in the Global Age,* Cambridge: Polity Press, 2009, pp. 23-37.

Moellendorf, Darell. *Cosmopolitan Justice,* New York: Westview Press, 2002.

Nagel, Thomas. "The Problem of Global Justice," *Philosophy and Public Affairs,* vol. 33, no. 2, 2005, pp. 113-147.

O' Neill, Onora. *Faces of Hunger: Essays on Poverty, Justice, and Development,* London: Allen and Unwin, 1986.

Sangiovanni, Andrea. "Global Justice, Reciprocity, and the State," *Philosophy and Public Affairs,* vol. 35, no. 1, 2007, pp. 3-39.

Tan, Kok-Chor. *Justice, Institutions, and Luck: The Site, Ground and Scope of Equality,* Oxford: Oxford University Press, 2012.

第4章

アーレント、ハンナ（大島通義・大島かおり訳）『全体主義の起源2──帝国主義』みすず書房、2017年。

ウォルツァー、マイケル（山口晃訳）『正義の領分──多元性と平等の擁護』而立書房、1999年。

───、「国家の道義的地位」ミラー、デイヴィッド編（萩原能久・齋藤純一監訳）『政治的に考える──マイケル・ウォルツァー論集』風行社、2012年所収。

大沼保昭『人権・国家・文明──普遍主義的人権観から文際的人権観へ』筑摩書房、1998年。

木山幸輔『人権の哲学──基底的価値の探究と現代世界』東京大学出版会、2022年。

ゲワース、アラン（式部信訳）『理性と道徳』渓水社、2019年。

シュー、ヘンリー（馬渕浩二訳）『基本権──生存・豊かさ・合衆国の外交政策』法政大学出版局、2023年。

スターンズ、ピーター（上杉忍訳）『人権の世界史』ミネルヴァ書房、2022年。

施光恒「人権──グローバル化の進展のなかで」有賀誠ほか編『現代規範理論入門──ポストリベラリズムの新展開』ナカニシヤ出版、2004年所収。

───「人権は文化超越的価値か──人権の普遍性と文脈依存性」井上達夫編『講座人権論の再定位5　人権論の再構築』法律文化社、2010年所収。

ハント、リン（松浦義弘訳）『人権を創造する』岩波書店、2011年。

深田三徳『現代人権論──人権の普遍性と不可讓性』弘文堂、1999年。

ブル、ヘドリー（臼杵英一訳）『国際社会論──アナーキカル・ソサイエティ』岩波書店、2000年。

ベル、ダニエル・A（施光恒・蓮見二郎訳）『「アジア的価値」とリベラル・デモクラシー──東洋と西洋の対話』風行社、2006年。

ミラー、デイヴィッド（富沢克ほか訳）『ナショナリティについて』風行社、2007年、

特に第 7 章。

ローティ、リチャード「人権・理性・感情」シュート、スティーヴン／ハーリー、スーザン編（中島吉弘・松田まゆみ訳）『人権について――オックスフォード・アムネスティ・レクチャーズ』みすず書房、1998年所収。

―――（齋藤純一ほか訳）『偶然性・アイロニー・連帯――リベラル・ユートピアの可能性』岩波書店、2000年。

ロック、ジョン（加藤節訳）『完訳　統治二論』岩波書店、2010年。

ワイト、マーティン（安藤次男訳）「国際理論はなぜ存在しないのか」バターフィールド、ハーヴァード／ワイト、マーティン編（佐藤誠ほか訳）『国際関係理論の探究――英国学派のパラダイム』日本経済評論社、2010年所収。

An-Na'im, Abdullahi Ahmed. (ed.) *Human Rights in Cross-Cultural Perspectives: A Quest for Consensus*, Pennsylvania: University of Pennsylvania Press, 1992.

Beitz, Charles. *Idea of Human Rights*, Oxford: Oxford University Press, 2009.

Bell, Daniel A. *Beyond Liberal Democracy: Political Thinking for an East Asian Context*, Princeton: Princeton University Press, 2006.

De Bary, William Theodore. *Asian Values and Human Rights: A Confucian Communitarian Perspective*, Cambridge: Harvard University Press, 1998.

Donnelly, Jack. *Universal Human Rights in Theory and Practice*, Third edition, Ithaca: Cornell University Press, 2013.

Gewirth, Allan. *Human Rights: Essays on Justification and Applications*, Chicago: University of Chicago Press, 1982.

Griffin, James. *On Human Rights*, Oxford: Oxford University Press, 2009.

Taylor, Charles. "Conditions of an Unforced Consensus on Human Rights," in Bauer, Joanne R. and Bell, Daniel A. (eds.) *The East Asian Challenge for Human Rights*, Cambridge: Cambridge University Press. 2000.

Vincent, Raymond John. *Human Rights and International Relations*, Cambridge: Cambridge University Press, 1986.

第 5 章

ウォルツァー、マイケル（山口晃訳）『正義の領分――多元性と平等の擁護』而立書房、1999年。

―――（齋藤純一ほか訳）『政治と情念――より平等なリベラリズムへ』風行社、2006年。

カースルズ、スティーブン／ミラー、マーク（関根政美・関根薫訳）『国際移民の時代　第 4 版』名古屋大学出版会、2011年。

白川俊介「健康格差・頭脳流出・グローバル正義――「退出の権利」に対する制約の正当化に関する一考察」『政治思想研究』第19号、2019年、123-152頁。

ミラー、デイヴィッド（富沢克ほか訳）『ナショナリティについて』風行社、2007年。

―――（富沢克ほか訳）『国際正義とは何か―――グローバル化とネーションとしての責任』風行社、2011年。

ロールズ、ジョン（川本隆史ほか訳）『正義論　改訂版』紀伊國屋書店、2010年。

Abizadeh, Arash. "Democratic Theory and Border Coercion: No Right to Unilaterally Control Your Own Borders," *Political Theory*, vol. 36, no. 1, 2008, pp. 37-65.

Bertram, Christopher. *Do States Have the Right to Exclude Immigrants?* Cambridge: Polity Press, 2018.

Brock, Gillian. and Blake, Michael. *Debating Brain Drain: May Governments Restrict Emigration?* Oxford: Oxford University Press, 2015.

Carens, Joseph H. *The Ethics of Immigration*, Oxford: Oxford University Press, 2013.

Eyal, Nir. and Hirst, Samia A. "Physicians Brain Drain: Can Nothing be Done?," *Public Health Ethics*, vol. 1, no. 2, pp. 180-192, 2008.

Hosein, Adam. *The Ethics of Migration: An Introduction*, London: Routledge, 2019.

Kapur, Devesh. and McHale, John. "Should a Cosmopolitan Worry about the Brain Drain?" *Ethics and International Affairs*, vol. 20, no. 3, 2006, pp. 308-309.

Miller, David. "Immigration: The case for limits," in Cohen, Andrew. and Wellman, Christopher. (eds.) *Contemporary Debates in Applied Ethics*, Oxford: Blackwell, 2005, pp. 193-206.

―――. "Why Immigration Controls Are Not Coercive: A Reply to Arash Abizadeh," *Political Theory*, vol. 38, no. 1, 2010, pp. 111-120.

―――. *Strangers in Our Midst: The Political Philosophy of Immigration*, Cambridge: Harvard University Press, 2016.

―――. "Immigration," in Brooks, Thom. (ed.) *The Oxford Handbook of Global Justice*, Oxford: Oxford University Press, 2020, pp. 394-410.

Pevnick, Ryan. *Immigration and the Constraints of Justice: Between Open Borders and Absolute Sovereignty*, Cambridge: Cambridge University Press, 2011.

Song, Sarah. *Immigration and Democracy*, Oxford: Oxford University Press, 2018.

Wellman, Christopher H. *Liberal Rights and Responsibilities: Essays on Citizenship and Sovereignty*, Oxford: Oxford University Press, 2013.

―――. and Cole, Phillip. *Debating the Ethics of Immigration: Is There a Right to Exclude?* Oxford: Oxford University Press, 2011.

第6章

イェリネク、ゲオルグ（芦部信喜ほか訳）『一般国家学』学陽書房、1976年。

福原正人「領有権の正当化理論」『法と哲学』第3号、2017年、109-132頁。

ミラー、デイヴィッド（富沢克ほか訳）『ナショナリティについて』風行社、2007年。

───（富沢克ほか訳）『国際正義とは何か──グローバル化とネーションとしての責任』風行社、2011年。

ムーア、マーガレット（白川俊介訳）『領土の政治理論』法政大学出版局、2020年。

山岡龍一「所有権と領土権──規範的政治理論における主権国家概念の再検討」『政治思想研究』第15号、2015年、30-57頁。

ロールズ、ジョン（中山竜一訳）『万民の法』岩波現代文庫、2022年。

ロック、ジョン（加藤節訳）『完訳　統治二論』岩波書店、2010年。

Kolers, Avery. *Land, Conflict, and Justice: A Political Theory of Territory,* Cambridge: Cambridge University Press, 2009.

Meisels, Tamar. *Territorial Rights,* Second edition, Dordrecht: Springer, 2009.

Miller, David. "Property and Territory: Locke, Kant, and Steiner," *Journal of Political Philosophy,* vol. 19, no. 1, 2011, pp. 90-109.

───. "Territorial Rights: Concept and Justification," *Political Studies,* vol. 60, no. 2, 2012, pp. 252-268.

───. and Moore, Margaret. "Territorial Rights," in Held, David. and Maffettone, Pierto. (eds.) *Global Political Theory,* Cambridge: Cambridge University Press, 2016, ch. 9.

Nine, Cara. *Global Justice and Territory,* Oxford: Oxford University Press, 2012.

Sidgwick, Henry. *The Elements of Politics,* Cambridge: Cambridge University Press, 2012.

Simmons, John. "On the Territorial Rights of States," *Philosophical Issues,* vol. 11, no. 1, 2001, pp. 300-326.

───. *Boundaries of Authority,* Oxford: Oxford University Press, 2016.

Stilz, Anna. "Nations, States, and Territory," *Ethics,* vol. 121, no. 3, 2011, pp. 572-601.

───. *Territorial Sovereignty: A Philosophical Exploration,* Oxford: Oxford University Press, 2019.

Van der Vossen, Bas. "Locke on Territorial Rights," *Political Studies,* vol. 63, no. 3, 2015, pp. 713-728.

Ypi, Lea. "Territorial Rights and Exclusion," *Philosophy Compass,* vol. 8, no. 3, 2013, pp. 241-253.

第7章

宇佐美誠（編）『気候正義──地球温暖化に立ち向かう規範理論』勁草書房、2019年。

宇佐美誠『気候崩壊──次世代とともに考える』岩波書店、2021年。

国際環境 NGO FoE Japan（編）『気候変動から世界をまもる30の方法──私たちのクライメート・ジャスティス！』合同出版、2021年。

シュー、ヘンリー（宇佐美誠・阿部久恵訳）「生計用排出と奢侈的排出」宇佐美誠（編）

『気候正義——地球温暖化に立ち向かう規範理論』勁草書房、2019年所収。

シンガー、ピーター（山内友三郎・樫則章監訳）『グローバリゼーションの倫理学』昭和堂、2005年。

ノージック、ロバート（島津格訳）『アナーキー・国家・ユートピア——国家の正当性とその限界』木鐸社、1995年。

パーフィット、デレク（森村進訳）『理由と人格——非人格性の倫理へ』勁草書房、1998年。

ミラー、デイヴィッド（富沢克ほか訳）『ナショナリティについて』風行社、2007年。

文部科学省・気象庁『日本の気候変動2020——大気と陸・海洋に関する観測・予測評価報告書』2020年、https://www.data.jma.go.jp/cpdinfo/ccj/index.html より閲覧可能

山本良一『気候危機』岩波書店、2020年。

吉川成美（監修）『クライメート・チェンジ——新たな環境倫理の探求と対話』清水弘文堂書房、2018年。

Caney, Simon. "Environmental Degradation, Reparations, and the Moral Significance of History," *Journal of Social Philosophy*, vol. 37, no. 3, 2006, pp. 464-482.

———. "Cosmopolitan Justice, Responsibility, and Global Climate Change" in Gardiner, Steven., Caney, Simon., Jamieson, D. and Shue, Henry. (eds.) *Climate Ethics: Essential Readings*, New York: Oxford University Press, 2010, pp. 122-145.

IPCC, *Climate Change 2023 Synthesis Report. Contribution of Working Groups I, II and III to the Sixth Assessment Report 2023.* Available from https://www.ipcc.ch/assessment-report/ar6/

McKinnon, Catriona. *Climate Change and Political Theory*, Oxford: Polity Press, 2022.

Miller, David. "Global Justice and Climate Change: How Should Responsibilities Be Disrtibuted?", in Peterson, Grethe B. (ed.) *Tanner Lectures on Human Values 28*, Salt Lake City: University of Utah Press, 2009, pp. 117-157.

Neumayer, Eric. "In Defence of Historical Accountability for Greenhouse Gas Emission," *Ecological Economics*, vol. 33, 2000, pp. 185-192.

Roser, Dominic. and Seidel, Christian. *Climate Justice: An Introduction*, London: Routledge, 2016.

Sachs, Wolfgang. (ed.) *Jo'burg Memo Fairness in a Fragile: World Memorandum for the World Summit on Sustainable Development*, Berlin: Heinrich Böll Foundation, 2002.

第8章

神島裕子『ポスト・ロールズの正義論——ポッゲ・セン・ヌスバウム』ミネルヴァ書房、2015年。

シュー、ヘンリー（馬渕浩二訳）『基本権——生存・豊かさ・合衆国の外交政策』法政大学出版局、2023年。

セン、アマルティア（池本幸生ほか訳）『不平等の再検討——潜在能力と自由』岩波現代文庫、2018年。

玉手慎太郎『公衆衛生の倫理学——国家は健康にどこまで介入すべきか』筑摩書房、2022年。

ヌスバウム、マーサ（神島裕子訳）『正義のフロンティア——障碍者・外国人・動物という境界を越えて』法政大学出版局、2012年。

広瀬巌『パンデミックの倫理学——緊急時対応の倫理原則と新型コロナウイルス感染症』勁草書房、2021年。

フランクファート、ハリー（山形浩生訳）『不平等論——格差は悪なのか？』筑摩書房、2016年。

ポッゲ、トマス（立岩真也監訳）『なぜ遠くの貧しい人への義務があるのか——世界的貧困と人権』生活書院、2010年。

ミラー、デイヴィッド（富沢克ほか訳）『国際正義とは何か——グローバル化とネーションとしての責任』風行社、2011年。

Beaton, Eilidh., Gadomski, Mike., Manson, Dylan. and Tan, Kok-Chor. "Crisis Nationalism: To What Degree Is National Partiality Justifiable during a Global Pandemic?" *Ethical Theory and Moral Practice*, vol. 24, 2021, pp. 285-300.

Bollyky, Thomas J. and Bown, Chad P. "The Tragedy of Vaccine Nationalism: Only Cooperation Can End the Pandemic," *Foreign Affairs*, vol. 99, no. 5, 2020, pp. 96-108.

Brock, Gillian. *Global Justice: A Cosmopolitan Account*, Oxford: Oxford University Press, 2009.

Daniels, Norman. *Just Health: Meeting Health Needs Fairly*, Cambridge: Cambridge University Press, 2007.

Eyal, Nir. and Hirst, Samia A. "Physicians Brain Drain: Can Nothing be Done?," *Public Health Ethics*, vol. 1, no. 2, pp. 180-192, 2008.

Ferguson, Kyle. and Caplan, Arthur. "Love the Neighbour? Allocating Vaccines in a World of Competing Obligations," *Journal of Medical Ethics*, vol. 47, no. 11, 2021, e20.

———— "Phantom Premise and a Shape-shifting ism: Reply to Hassoun," *Journal of Medical Ethics*, vol. 47, no. 11, 2011, pp. 775-776.

Hassoun, Nicole. "Against Vaccine Nationalism," *Journal of Medical Ethics*, vol. 47, no. 11, 2021, pp. 773-774.

Lenard, Patti Tamara. and Straehle, Christine. (eds.) *Health Inequalities and Global Justice*, Edinburgh: Edinburgh University Press, 2012.

Millum, Joseph. and Emanuel, Ezekiel J.(eds.) *Global Justice and Bioethics*, Oxford: Oxford University Press, 2012.

Ruger, Jennifer Prah. *Global Health Justice and Governance*, Oxford: Oxford

University Press, 2018.

Segall, Shlomi. *Health, Luck, and Justice,* Princeton: Princeton University Press, 2009.

Venkatapuram, Sridhar. *Health Justice: An Argument from the Capabilities Approach,* Oxford: Polity Press, 2011.

Wolff, Jonathan. *The Human Right to Health,* New York: W. W. Norton, 2012.

Yamey, G., Schäferhoff, M., Hatchett R., et al. "Ensuring Global Access to COVID-19 Vaccines," *Lancet,* vol. 395, iss. 10234, 2020, pp. 1405-1406.

第 9 章

ウォルツァー、マイケル（萩原能久監訳）『正しい戦争と不正な戦争』風行社、2008年。

シュー、ヘンリー（馬淵浩二訳）『基本権——生存・豊かさ・合衆国の外交政策』法政大学出版局、2023年。

眞嶋俊造『正しい戦争はあるのか——戦争倫理学入門』さいはて社、2016年。

松元雅和『平和主義とは何か』中公新書、2013年。

ロールズ、ジョン（中山竜一訳）『万民の法』岩波現代文庫、2022年。

Bellamy, Alex. *Just Wars: From Cicero to Iraq,* Cambridge: Polity Press, 2006.

Buchanan, Allen. "Rawls's Law of Peoples: Rules for a Vanished Westphalian World," *Ethics,* vol. 110, no. 4, 2000, pp. 697-721.

Caney, Simon. *Justice Beyond Borders: A Global Political Theory,* Oxford: Oxford University Press, 2005, esp. chs. 6 and 7.

Ceadel, Martin. *Thinking about Peace and War,* Oxford: Oxford University Press, 1989.

Coates, Anthony J. *The Ethics of War,* Manchester: Manchester University Press, 1997.

Fabre, Cécile. "Cosmopolitanism, Just War Theory and Legitimate Authority," *International Affairs,* vol. 84, 2008, pp. 963-976.

——. *Cosmopolitan War,* Oxford: Oxford University Press, 2012.

——. "Cosmopolitanism and Wars of Self-Defence," in Fabre, Cécile. and Lazar, Seth. (eds.) *The Morality of Defensive War,* Oxford: Oxford University Press, 2014, pp. 90-114.

Finlay, Christopher. *Is Just War Possible?* Cambridge: Polity Press, 2019.

Frowe, Helen. *The Ethics of War and Peace: An Introduction,* Third edition, New York: Routledge, 2023.

Lazar, Seth. "Just War Theory: Revisionists Versus Traditionalists," *Annual Review of Political Science,* vol. 20, 2017, pp. 37-54.

McMahan, Jeff. *Killing in War,* Oxford: Oxford University Press, 2009.

——. "Rethinking the 'Just War,' Part 1," *The Stone: The Opinionator, New York*

Times, 12th November, 2012. Available from https://archive.nytimes.com/opinion
ator.blogs.nytimes.com/2012/11/11/rethinking-the-just-war-part-1/

Moellendorf, Darell. *Cosmopolitan Justice,* Boulder: Westview Press, 2002, esp. chs. 5
and 7.

Steinhoff, Uwe. "Cécile Fabre: Cosmopolitan War," *Notre Dame Philosophical Reviews,*
2013. Available from https://ndpr.nd.edu/reviews/cosmopolitan-war/

Valentini, Laura. "Just War and Global Justice," in Held, David. and Maffettone, Pietro.
(eds.) *Global Political Theory,* Cambridge: Polity, Press 2016, ch. 7.

あとがき

　本書執筆の話を頂いたのは、2018年の夏ごろであったように記憶している。一般に教科書といわれる類のものは、幅広い内容を扱うぶん、何名かのグループで分担して執筆されることが多いと思われるが、一人の著者がなんらかの軸をもって初めから終わりまで書くような教科書があってもよいのではないかという話であった。そういう話を頂くこと自体、非常に光栄なことであり、私は二つ返事で依頼を承諾した。

　しかしながら、執筆はなかなか捗らなかった。外在的には、私は2019年度から英国エディンバラに滞在することになっており、その生活が落ちついてきたところで、今度は新型コロナウイルスのパンデミックに見舞われ、帰国後の学内業務も多忙を極めた、というのがその理由である。だが、最大の理由は、いざ書きはじめてみると、教科書の執筆には、研究書や研究論文を書くのとはまた違ったむずかしさがあると気づいたからである。

　最も悩ましかったのは本書の構成である。教科書として、本書にどのような内容をどの程度組み込むのがベストだろうか。考えれば考えるほど袋小路にはまっていった。当初は、理論編と実践編の2部から成り、両者の分量は半々くらいの構成を想定していた。ゆえに、理論的な部分がそれなりに分厚く、トピックも今の半分程度であった。だが、実践編の部分でどのようなトピックを選ぶべきか、そして半期14〜15回の講義での使用を想定して、各章をどこまで深く論じるべきかなど、私のなかで考えが二転三転し、なかなか構成が決まらなかった。

　そうして、いろいろと考えあぐねるなかで、世界情勢の変化にも鑑みて、とりあえず幅広い内容を含め、初学者が興味をもったところについて自分で調べていくための「呼び水」となるような教科書になれば、との思いが次第に強まっていった。最終的に、理論的な部分は全体の2章分となり、残りの7章はすべて具体的なトピックを扱うことにした。しかもそれらのトピックの大半は、日本語で読める教科書レベルで整理されたものはほとんど存在しない目新しいものを選んだ。

読者のなかには、内容的に物足りない、あるいはあれこれのトピックが入っていないと思われる方もおられるかもしれない。国際政治哲学やグローバル倫理学といわれる分野の研究はこの15年くらいで劇的に増えており、追いきれないほどの研究が日進月歩の勢いで発表されている。それらすべての成果を盛りこむことはむずかしく、講義という限られた回数と時間のなかで説明可能なように整理するために、あえて削ぎ落としたところも数多く存在する。そのあたりは読者のご海容を願う次第である。

　初学者の方々が、本書をきっかけに政治哲学に興味をもち、自分で深く立ちいっていくための橋渡しができれば幸いである。本書が、世界中の人びとがお互いを尊重しつつ、各自の善き生の構想を自由に探求できる共生のあり方やヴィジョンについて、一人ひとりがより深く考える一助になるとすれば、それはひとえに、著者冥利に尽きる。

　法律文化社の舟木和久さんには、執筆の過程で大変なご迷惑とご苦労をおかけすることになってしまった。執筆が遅々として進まない私の、ある意味では愚痴のような相談に、舟木さんは耳を傾け、どうやって本書を書き進めていけばよいか、適切なアドバイスをして頂いた。舟木さんの支えや叱咤激励がなければ、本書は日の目を見ることはなかったであろう。心から感謝申し上げる。また、本書の内容の一部には、勤務校である関西学院大学総合政策学部における講義内容やゼミなどでの学生諸君との会話から得た着想なども反映させている。各講義の受講者およびゼミ生のみなさんにも感謝したい。

　妻の彩織は本書の最初の読者であり、最大の批評者であった。自分は「わかりやすく」「平易に」書いているつもりでも、結果的に難解な文章になってしまっていることはよくある。本書が少しでも「読みやすい」文章になっているとすれば、それは妻のおかげである。ありがとう。最後に、本書を息子の俊稀に捧げたい。あなたが大人になったときに、少しでも善い世界の住人であってほしいとの願いを込めて。

2023年11月
錦秋の装いの甲山を眺めながら

白川俊介

人名索引

事項索引

■著者紹介

白川　俊介（しらかわ　しゅんすけ）

1983年生まれ。関西学院大学総合政策学部准教授。九州大学大学院比較社会文化学府
博士後期課程修了。博士（比較社会文化）。

主な著書に『ナショナリズムの力——多文化共生世界の構想』（勁草書房、2012年）、
『デモクラシーとセキュリティ——グローバル化時代の政治を問い直す』（共著、法律
文化社、2018年）。主な訳書に『政治哲学の魅力』（ロバート・タリース著、関西学院
大学出版会、2018年）、『領土の政治理論』（マーガレット・ムーア著、法政大学出版
会、2020年）。

Horitsu Bunka Sha

政治哲学
——グローバル化のなかの共生倫理を考える

2024年2月10日　初版第1刷発行

著　者　白川俊介

発行者　畑　　光

発行所　株式会社 法律文化社

〒603-8053
京都市北区上賀茂岩ヶ垣内町71
電話 075(791)7131　FAX 075(721)8400
https://www.hou-bun.com/

印刷：㈱冨山房インターナショナル／製本：㈲坂井製本所
装幀：白沢　正
ISBN978-4-589-04302-3

寺島俊穂著

政 治 哲 学 概 説

A 5 判・232頁・3080円

対象、方法、課題および全体像に関して政治的事象の原理的考察を踏まえ、政治哲学的な思考様式を明示。古代から現代へ、ミクロからマクロへ西洋と日本の比較という視点を念頭に置くとともに、公正な社会の追求という政治哲学の課題にも応える。

仲正昌樹編

政 治 思 想 の 知 恵
―マキャベリからサンデルまで―

A 5 判・252頁・2750円

基礎知識や概念をしっかりと解説しつつコンパクトにまとめた政治思想の入門テキスト。ホッブズ、ロック、ルソー、スミス、カント、ベンサム、ミルら総勢14人の代表的思想家をとりあげ、古来の叡智に対する読者の興味を喚起する。

坂本治也・石橋章市朗編

ポリティカル・サイエンス入門

A 5 判・240頁・2640円

現代政治の実態を考える政治学の入門書。政治に関する世間一般の誤解や偏見を打ち破り、政治学のおもしろさを伝え、政治を分析する際の視座を提示する。コラムや政治学を学ぶためのおススメ文献ガイドも収録。

宇佐美誠・児玉 聡・井上 彰・松元雅和著

正 義 論
―ベーシックスからフロンティアまで―

A 5 判・294頁・3080円

古典的学説・学派から最近の論点や理論まで、正義論の基本をわかりやすく説明したうえで、貧困・格差や環境破壊などの今日的課題に正義論がどのように応用されるのかを論じる。架空例・コラムを交え、哲学的思考を鍛える書。

杉田 敦編

デモクラシーとセキュリティ
―グローバル化時代の政治を問い直す―

A 5 判・224頁・4290円

政治理論におけるデモクラシーの問題と、国際政治学におけるセキュリティの問題がグローバル化の中で交差している。第一線の政治学者らが境界線の再強化、テロリズム、日本の安保法制・代議制民主主義の機能不全などの政治の諸相を深く分析。

遠藤誠治編

国家安全保障の脱構築
―安全保障を根本から考え直す―

A 5 判・222頁・5280円

ロシアによるウクライナ侵攻で、安全保障の論理や政策を国家の支配的な言説と結びつける風潮が強まっている。安全をつくる主体に焦点をあて、冷戦以後の安全保障概念の深化と拡大（の意義）を踏まえたうえで、多様な主体の実践を可視化し、意義づける。

―法律文化社―

表示価格は消費税10%を含んだ価格です